税務署は
やっぱり
見ている。

飯田真弓
IIDA MAYUMI

日本経済新聞出版

税務署はやっぱり見ている。

税務署は副業も見ている——新版化に際してのまえがき

二〇〇八年に国税を後にして一五年。私が初めての書籍、『税務署は見ている。』を刊行してから一〇年が過ぎました。

「十年一昔」とはよく言ったもので、税務署を取り巻く環境も大きく変わりました。

もともと私が国税で働くきっかけは、「細く長く、結婚しても子どもを産んでからも勤められるだろう」という理由で公務員を選んだからでした。国家公務員税務職が、高卒女子を初めて採用するというもの珍しさだけで採用試験を受けたのです。

税務署がどんなところなのかも、税務調査という仕事があることも知りませんでした。

年功序列、終身雇用が当たり前の世代でした。

ひょんなことから私は定年を待たずして退職し、現在に至るわけですが、税務署に二六年勤め続けたことで、こんなふうに本を書けるのだから、人生何がどう転ぶかわからないものだと思っています。

最近は、テレビをつけると転職情報のCMをよく目にします。今や転職は珍しいことではなくなったということなんでしょう。働く人たちの間でも、「会社に骨を埋める」という感覚は薄れてきているように感じます。

税務調査に関する講演をする一方で、「若手社員が何を考えているのか知りたいんです」と訴える中小企業に出向き、離職率を下げるための研修を行っている私としては、ちょっと複雑な気持ちにもなります。

転職はしないまでも、「副業」をしているという会社員の方、結構いらっしゃいます。

かつては副業というと、会社に黙って小銭を稼ぐというイメージもありましたが、今では解禁する企業も増え、ライフプランの複線化という面から広く推奨されるようになりました。

副業は、キャリアの可能性を広げたり、スキルを豊かにする、などいろいろな効果がありますが、本業に加えて仕事をすれば、結果としてお金が手に入ります。大体において手取りが増えます。

手取りが増えるとは、平たく言うと「儲《もう》かる」ということです。

さて、「儲かる」と、私たちが必ずやらなければいけないことがあります。おわかりでしょうか。

そうです、納税です。

日本では、儲かったら、その分に対して税金を納めないといけません。法律がそう定めています。その手続きをする組織が税務署です。

今、この本を手に取ってくださっているのは、経営者の方や税理士の資格を持っている方かもしれません。あるいは会社員の方、さらには副業を始めて数年経つのだけれど、これまで我流で確定申告をしていて、

「はたして、このままで大丈夫なんだろうか……」

と不安になっている方かもしれません。いろいろな方がいらっしゃると思います。

さて、副業をされている方、ご注意ください。

実は、税務署は副業も見ています。どのように見ているのか、そして「何か」を見つけたら、どのように動くのかは本文で事例を出して解説します。

私は、かつて『税務署は3年泳がせる。』という本も刊行しましたが、調査官はいろいろな理由から、すぐには、あなたのところへやって来ません。

後ろめたいことや不安なことがあっても、そのままにしていると、仕事にも身が入らなくなります。集中力を欠くとミスにつながります。

悪いことは言いません、適切な納税をお勧めします。


この本は、日経プレミアシリーズ『税務署は見ている。』をベースに、税務署とはどんな仕事をしているのか、税務調査はどんなふうに行われるのかについて、私が国税調査官として体験したこと、また税理士として全国の法人会や税理士会などで講演してきた経験をもとに解説したものです。

前作から新しくなった制度や変化した環境について、いろいろ加筆しています。

読み進めるうちに、あなたの税務署に対する不安が少しずつ和らいでいくことでしょう。

本書が、多くの方にとって、より活き活きと自分らしい人生を歩まれる助けになることを祈っています。

二〇二三年

飯田真弓

少し長いプロローグ——税務署は何をしているのか

税務調査は先生の洗礼から始まる

カチカチ、カチカチ。カチカチ、カチカチ……。

二〇〇X年、一〇月のある水曜日。一三時からの調査。その会社の応接室では、鳩時計の音だけが響き、時折、かすかに紙の擦《こす》れる音が重なっていました。

部屋にいるのは、経営者、その夫人、先生、先生の事務所の担当事務員、そして調査官である私の五人。四対一の戦いでした。

「関与先が営業中は困ると言ってるんで、定休日、水曜の午後にしてもらえますか」

調査の事前通知をすると、先生の事務所の担当者から折り返しこのような返事があったのは、数日前のことでした。水曜日が定休日の業種とは……。そこは読者の皆さんのご想像にお任せしましょう。

一〇月は、一年のうちで最も税務調査が多いと言われている時期。先生にも「当たり年」があるようで、調査当日、かの先生は、

「なんでわしとこの関与先ばっかり、（調査に）来るんや！」

開口一番、こうおっしゃいました。

すでにお気づきだとは思いますが、「先生」とは税理士のことです。

調査官になりたての頃、先輩から、

「調査に行ったら、税理士さんのことは先生って呼ぶんやぞ！」

と教えられました。

弁護士、会計士、そして税理士……。「士業」と言われる仕事に就く人の多くは、先生と呼ばれます。

ただし税理士の場合、もともと「ＯＢ税理士」と言って、税務署などで働いていた人が退職して就くケースが多く、国税当局で働く人間にとっては「業界」の先輩にあたることから、敬意を表する意味で先生と呼ぶようになったのかもしれません。

「あんたとこの署長の○○君なあ、昔、わしの下におったんですわ」

私が調査に出はじめた頃、先生からそのような話を延々聞かされ、なかなか本題に入れないということも少なくありませんでした。

その帳面は、誰が作成していたのか

調査場所として通された応接室の大理石のローテーブルには、さまざま帳簿や書類が積み上げられていました。

税務調査は、初日に何を見つけるかでその後の展開が決まります。

調査開始時刻は午前一〇時頃からというケースがほとんどですが、この日は、午後からのスタート。いつもより調査する時間が少ないため、それを見込んで、事業の内容や経営者の家族の状況などの聞き取りは早めに済ませ、帳簿の調査に取り掛かりました。

税務調査というと、数字を突き合わせることが仕事だと思われがちですが、実際には数字を追うよりも、事実関係の確認に重点を置きます。

沈黙が支配する部屋で、私は領収書が貼りつけてあるファイルを一ページずつ、丹念にチェックしはじめました。

先生は静かに目を閉じ、腕組みをしたまま、まったく動きません。経営者本人はかすかに貧乏ゆすりをして居心地が悪そうでした。それでも応接室から退出しないのは、事前に、

「税務調査は、本人が立ち会うほうが不利な展開にならずに済むんですよ」

と、顧問の先生からアドバイスを受けていたからなのでしょう。

夫人は一応経理担当となっているので、文句を言わずに座っていますが、彼女も領収書綴《つづ》りにはあまり興味がなさそうです。

一方で、担当事務員の彼だけは、一人そわそわし、神経をとがらせている様子でした。私が少しでも綴りをめくる手を止めると、身を乗り出し、どの領収書を見ているのだろうかと目をこらします。

（担当者は、「**この領収書は、経費に入れてもいいのだろうか**」と思いながら、処理したものがあるに違いない）

そう感じた私は、一冊目の領収書綴りを閉じる前に、一つ、二つ質問してみることにしました。

領収書はすべて経費で落ちると誤解する人

「この領収書、一昨年の二月一四日のものなんですけれど、帳簿には接待交際費となっています。どなたを接待されたんでしょうか」

「そんな、一年以上前のことを急に聞かれても……。お前、何か覚えてるか？」

経営者は夫人に尋ねます。

「二月一四日ですかぁ……。さぁ、何やろか？」

夫人は老眼鏡を取り出し、あまり気乗りしない様子で、その領収書に目を近づけました。

「ホテルでお食事されたみたいですけど」

私が彼女に話を向けると、

「いやぁ、何でしょうねぇ……」

心当たりがないようです。もちろん、私はここで明快な答えが得られるとは思っていません。回答を待たず、次の質問に移ります。

「では、この領収書はどうですか？」

すると今度は、私が示した翌日付の領収書の内容を経営者本人が読み上げました。

「えーっと、宿泊お二人様……」

「えっ、宿泊って、どういうこと！」

夫人の目の色が変わりました。

私がさらに質問を重ねようとしたそのとき、先生が吠《ほ》えたんです。

「いい加減にしろ！　これやから女の調査官は困るんや。一枚や二枚領収書を見つけただけで、鬼の首でもとったみたいに。重箱の隅をつつくようなマネはしなさんな！」

今のご時世、「女の……」などと言おうものなら、セクハラと訴える人もいるでしょうが、かつて、働く女性に対するハラスメントは日常茶飯事でした。調査官である私は、そんな挑発に乗るわけにはいきません。あくまで冷静に、淡々と調査を続けます。

「先生、私は今、ここにある書類をじっくり見させていただきました。一冊目の綴りだけでも、内容を確認したいと思うものがたくさんあります。お言葉を返すようですが、この二枚の領収書のことだけを言っているのではありません」

先生の頭に血が上っていくのがわかります。その瞬間、担当事務員と目が合いました。

「わっ、わたしは、奥様から、ここに入ってる領収書は全部経費やから、ちゃんと処理しといてねと言われて……。あの、その、言われたとおりにしただけです……」

領収書さえ残しておけば、何でも経費に算入できると思っている経営者は少なくありません。また、残念なことに、それが何のために使われたのかを確認せずに記帳する税理士事務所の担当者にも何人も出会いました。

パソコン処理の便利さ、そして落とし穴

「そんなふうに言うんやったら、全部持って帰って調べたらええ」

先生が吐《は》き捨《す》てるように言いました。

「わかりました。では、書類を全部お預かりします。少しお時間をいただくことになると思いますが、不明点を抽出して、再度ご連絡させていただきます」

私がそう答えたとき、鳩時計が四度鳴りました。


午後四時半過ぎ。書類を携えて税務署に戻りました。署では、上司である統括官《とうかつかん》に必ず復命《ふくめい》をします。

「納税者ご本人も奥様も税務に疎《うと》く、先生も内容をほとんどチェックしていませんでした。先生の事務所の担当者は、奥様から預かった領収書はすべて経費に入れるよう指示されていたので、家事分も相当にあると思います」

「よし、わかった。では、三年分集計し直してくれ。出来上がったら私から先生に言って、不明な項目は解明してもらうようにするから。ご苦労さんやったな」

私が税務調査の仕事を始めた当時は、書類を預かったら税務署内の会議室を借り、領収書などの原始記録を日付順に並べかえ、一枚ずつ内容を記録して、帳簿と突き合わせるという作業に何日もかかったものでした。

けれども、この調査の頃にはすでにパソコンがありました。表計算ソフトを使えば、簡単に集計ができるようになっていたのです。

パソコンの導入で税務調査の集計が楽になったのと同じように、会社の経理担当者や税理士事務所の担当事務員も、毎日の記帳が簡単にできるようになりました。ただし、そこには落とし穴があります。「接待交際費」や「事務用品費」など、勘定科目《かんじょうかもく》の番号を入力しさえすれば、帳面が完成してしまうのです。

そうなんです。具体的な取引内容の摘要欄が空欄であったとしても決算書は出来上がってしまいます。経理担当者は、どの勘定科目を使えばいいのかには神経を使うのですが、**摘要欄をおろそかにしている場合が少なくない**のです。

この調査のケースでも、会社の経営にはまったく関係のない飲食代、宿泊費、夫人の装飾品の購入費からクリーニング代に至るまで、あらゆるものが経費に算入されていました。

実は、この事案では、帳簿調査に入る前の聞き取りで、経営者のご家族に年頃の娘さんがいることを把握していました。

二枚のホテルの領収書は、娘さんのバレンタインデートの費用だったのです。結局は修正申告書を提出してもらい、決して少額ではない追加の税金を納めていただくことになりました――。

ごめんなさい、節税対策本ではありません

まずは税務調査がどのような流れで行われるのかを知っていただくために、一つの事例を紹介させていただきました。

そもそも税務調査とは、納税者の申告内容に誤りがないかを調べるもので、誤りがあれば修正申告などを求めるものです。本書では、この税務調査について、いろいろと紹介していきます。もちろん守秘義務と納税者の方のプライバシーを守るため、ある程度の脚色を加えていますが（以降の事例も同様です）、流れは現実と変わりません。

さて、この先を読み進めていくと、効果的な節税法が書かれていると思われている方

がいらっしゃるかもしれないので、先に謝っておきます。

ごめんなさい。

この本には、節税に関するテクニックやノウハウは一切書いていません。

私は、曲がりなりにも二六年もの間、税務署で過ごしてきた人間です。国税調査官として税務調査という仕事をすることでお給料をもらっていました。まさに、国民の皆さんが納めて下さった税金で生活してきたわけです。

それを退職したからといって、手のひらを返したように節税のノウハウについて語ることは、私の良心が許さないのです。

経営者や社員の「これって大丈夫？」が税務署を呼ぶ

私は本書で、そもそも税務署はどういう仕事をしているのか、そこで働く人たちは何を考え、何をやっているのかを、主に調査官の視点から詳しくご紹介します。

また、経営者や経理の方など直接税務調査に関係している方々には、志をもって仕事をすれば、税務調査と無縁の会社にすること、経営をすることは可能であるとお伝えしたいと思っています。

では、税務調査に入られないのはどんな会社なのでしょうか――。

それは、日頃からほんのちょっとでも、

「これって大丈夫かな？」

と思うようなことは経営者も社員も絶対にしないという会社です。

調査官は、税務署の中で調査の「タマ」を選ぶときも調査先に臨場《りんじょう》し応接室のソファーに座った瞬間も、

「あれっ？」

と思ったところから調査を始めます。

経営者や経理担当者、あるいは経費を精算しようとする社員の、「これって大丈夫かな？」は、調査官の「あれっ？」と感じるセンサーにヒットするのです。**ほんの少しでも邪《よこしま》な心があれば、その心が税務調査を引き寄せます。**

私が調査に行くと、

「お前が来ることになってから、うちは悪いことばかりだ！」

という方が結構おられました。

奥さんが愛想をつかして家を出ていき、そこへ税務調査の連絡が入って、やけ酒を飲んで飲酒運転をしたら警察に捕まって……。

調査当日、アポを入れたはずなのに、なぜ留守なんだろうと思ったら、警察に身柄を拘束されていた、ということもありました。

昨今、税務署や税務調査に関する情報は錯綜《さくそう》しています。

国税を去り、税理士になってから、

「飯田先生、これって本当なんですか？」

経営者や試験組税理士（後述）、大中小零細を問わず、さまざまな企業を相手に営業をされている会社員など、まったく違う立場の方から、同じような質問をたくさん受けるようになったんです。

「誰かが本当のことを言わなければ」

私はそのように思い、本を書くことにしたのでした。

「税務調査の手の内を明かすようなことをしてもいいのか？」

今度はそんな声が聞こえてきそうですが、納税者の方々からも、古巣である国税当局からも「よく書いた」と言ってもらえる内容にしたい——それくらい真剣な気持ちで書きました。

調査官目線を知る意味

私は『税務署は見ている。』を執筆する以前にも、税理士を目指す方に向けた雑誌や、一般の書店では販売されていない経営者向けの雑誌などから依頼を受け、税務調査についてコラムなどを書いてきました。

その内容は、節税対策ではなく、税務調査の際の調査官の「目線」を知ることで社内の牽制《けんせい》効果が生まれ、自ら進んで税金を納める社風が構築され、ひいては会社の経営向上につながるというものです。

調査官が、どのような視点で、どこを見て調査を行っているのか。いわば「調査官目線」を養っていただければ、企業内でのお金の流れ、仕事の流れについてのチェック項目が明確になります。

すると、税金の納付漏れはもちろん、法や社会のルールで定められた以上の税金納付を余儀なくされるリスクも低くなります（先の「節税」とは意味が違います）。

さらに、**税務調査とは無縁な会社、仕事を実現できれば、ムダな経費や作業の見直しにもつながり、社員の不正行為も未然に予防できます。**

この本は、あまり税務署と関わりのない一般の方には、税務署を舞台にしたエンターテインメント小説を読むように楽しんでいただいてもいいでしょう。

就活中の学生さんには、国家公務員の実態を知るためにお読みいただいてもいいと思います。

また、働きながら結婚し、子育てもしたいという女性の皆さんには、男女雇用機会均等法の申し子である私の来し方を、ご自身のライフデザインに照らして参考にしていただければとも思います。普段はあまり耳にしない税務署の「本当の話」は、営業トークのネタとしてもご活用いただけることでしょう。

私は以前、近畿税理士会南支部の租税教育推進委員を務めていたことがありました。

南支部にある小学校、中学校、高等学校に出向いて、租税教室の講師をするんです。その際、調査官時代の経験をもとに税務調査について話をしました。受講してくださった生徒の皆さんからは、とても勉強になったという声とともに、次のような感想をたくさんいただきました。

「税務署がなくなると国は成り立たなくなるということがわかりました」

「私は大人になったら、きちんと税金を払いたいと思いました」

税務調査を行うことは、課税の公平を実現するための一つの手段ですが、もう一方のアプローチとして、税務調査の本質を知っていただき、自ら進んで納税する社会のムードを作ることも託されていると思うのです。

税務署はやっぱり見ている。目次

第0章

そして、今日も税務署は……

第1章 調査案件はこうして選ばれる 069

第2章

税務署は突然やって来る？ 093

第3章 調査官はランチ中も見ている 135

第4章　税務署は税理士も見ている

第0章

税務署はやっぱり見ている。

そして、今日も税務署は……

税務署にやって来た怖い人

まずは、昔の税務署の中の様子をお伝えしたいと思います。

その当時、確定申告の時期には、署内で大規模な模様替えを行い、いつもは職員が事務を行う部屋（事務室）を納税相談の会場として使っていました。

フロアー全体に、普段は事務用に使っている机が横一列に並べられ、職員の前に納税者が座るんです。受付で名前を記入した納税者には、待合室で待っていただき、順次職員の前に案内され、申告書を作成するための面接を行うのです。

納税者と税務署の職員が一対一で応対していました。

署内では、納税者が建物の中で迷わないように、床にカラーテープが貼られ、申告書を出すだけなのか、具体的な相談なのか、あるいは納税に来られたのかなど、それぞれのテープに沿って歩いていけば目的地に到着できるよう工夫がこらされていました。

その日、税務署の駐車場に、黒光りする3ナンバーの車が停まりました。

運転手がドアを開けると、中から出てきたのは、太めのストライプのダブルのスーツに身を包んだ恰幅《かっぷく》のよい中年男性でした。

ゴールドのネックレスにゴールドの指輪。その派手な様子は、二階の相談会場の窓越しからでもはっきり確認することができました。

男性は受付けを済ませ、他の方と同じように、待合室で静かに順番を待っていました。

(どうか、私のところに来ませんように……)

そう願いながら、相談業務に就きました。相談会場からは、受付の待合室が死角になっていて、次に誰が案内されてくるのかはわかりません。

何人かの相談を終え、相談票に記入し、次はどんな納税者の方かなと頭を上げると、私の目の前には、その男性が案内されていました。


「最低の税金って、いくら払《はろ》たらええんや」

男性は、パイプ椅子にドカッと座ったかと思うと、足を組みなおし、なめるような目で私を下から上まで見てから、

「へえ〜、税務署にこんな姉ちゃんがおったんか。わしなぁ、生まれてこの方、今まで一回も申告したことないんや」

（そっ、それはどんな事情が……。もしかして、シャバにはおられなかったということ？）

そんなことを面と向かって聞けるわけもなく、どう切り出せばいいかと迷っていたところ、男性が話を続けます。

「そやけどや。来年、せがれが小学校に上がりよるんや」

「はっ、はあ〜」

「やっぱり、あれやろ、納税は国民の義務やろ。せがれが小学校入るとなったら、やっぱり税金の一つも払《はろ》とかなあかんやろと思てな」

「そうなんですね。息子さんが小学校に入学されるんですね。おめでとうございます」

五〇代後半と思しきその男性は目を細め、

「おお、そうや。初めての男の子なんや。息子には、他人さんから後ろ指さされるようなことはさせたないんや。わかるかぁ」

「はっ、はい、親御さんのお気持ち、よ〜くわかります」

「お～、姉ちゃん、よう話わかるやつやなぁ。わかったらそんでええ。ほんなら、何書いたらええか教えたってくれるか」

「では、どんなお仕事をされているか、お聞かせいただけますでしょうか」

「どんなお仕事やと？　なんでそんなこと、いちいち言わんとあかんのじゃ！」

「えっ……。いえ、何かお仕事をされて、お金をもらわれて、それに対して税金がかかる仕組みなので、まず、どんなお仕事か、お聞きしないと計算ができないんですけど……」

「なんや知らんけど、めんどくさいなぁ」

「収入から経費を引いて、その金額が基礎控除より少なかったら、お支払いいただく税金は発生しないことになります」

「何をごちゃごちゃ言うとんのじゃ。わしは税金を払いに、わざわざ税務署まで来たってんねんぞ。四の五の言わんと払う金額を書いたったらええんとちゃうんかい！」

ふと後ろを振り返るとトーカン（統括官、つまり上司）が、その男性と私のやり取りを聞いていました。

「税金を納めたいということでいらっしゃった……」

「おおそうや。最低の税金って、いくら払《はろ》たらええんや」

「最低の税金は一〇〇円ですが……」

「一〇〇円⁉　子どもじゃあるまいし、アホなこと言うな！　そうか、まあ、そんなふうに言うんやったら一〇〇〇〇円払《はろ》て帰ろか」

「……」

国税庁が「自書申告（納税者が自ら申告書を記入、作成して税務署に提出）」を推奨してからは、納税者と職員が相談をして納税額を確定させることはないのですが、この当時は、納税者の方といろんな話をし、税額を決めていました。

もう、すっかり昔話ですが、三〇年以上前には、こんなこともあったのでした。

今では高名な作家さんが、デビューしたての頃に納税相談にいらして、職業を聞かれ、「作家です」とお答えになったところ、税務署の職員が、聞き間違いをして、「サッカー選手ですか、それは大変ですねえ」とコントのようなやり取りがあったという話も税務署では伝わっています。

マイナンバー制度で税務調査は変わったのか？

さて、話を現代に戻しましょう。

最近、プロ野球の監督や大御所タレントが着ぐるみを着て、大々的に宣伝していたのが、マイナンバーカードです。

マイナンバー制度は二〇一六年一月に施行されたのですが、広報の努力も空しく、その普及率はというと、二〇二二年末でやっと五割を超えた程度のようです。

二〇二四年の秋には、健康保険証がマイナンバーカードに移行するということなので、今後、普及率は一気に加速していくことが予想されるのですが、マイナンバーカードを持ちたがらない人が多いのは、当初、「国民総背番号制」という異名をとっていたからなのかしらと思ったりもします。


内閣府の説明によると、マイナンバー制度は、

①公平・公正な社会の実現
②国民の利便性の向上

③行政の効率化

を目的に導入されたそうなのですが、なかなかその趣旨が当事者である国民に伝わっていない感があります。

マイナンバー制度の対象としている分野は、

①社会保障

②税

③災害対策

の三分野に限定されています。

この本の読者の皆さんが興味をお持ちになるのは「②税」になりますでしょうか。

私も、「マイナンバー制度が導入されて税務調査は変わったのか？」という質問を受けたことがあります。

各税務署では、これまで、個人で確定申告をした人に対して「納税者番号」というものをつけて管理していました。給与所得者の方は、勤務先で源泉徴収されるので、所轄《しょかつ》署《しょ》では把握していなかったというわけです。

それが、マイナンバー制度が導入されてからは、確定申告をしなくても、番号が付与されるということになりました。

税務署では、集められた資料を活用する際、「名寄せ」という作業をするのですが、これが結構手間なんです。

でも、マイナンバー制度が導入され、確定申告をしていない人にも、すでに番号が付与されるようになったので、税務調査を効率よく行うことができるようになったと言えると思います。

後にも書きますが、世界規模でコロナが流行しても、大きな災害が起こっても、どんな状況になっても、変わりなく、課税の公平の実現を目指して、税務調査は粛々《しゅくしゅく》と行われています。

確定申告は「提出」から「送信」へ

所得税の確定申告は原則、二月一六日から三月一五日まで。ある時期まで、確定申告書は、税務署に持参して提出するか、郵送するかのどちらかでした。本章の冒頭で紹介した怖い方とのエピソードは、その当時のお話です。

もちろん、現在でも税務署まで持っていって、目の前で控えに受付印を押してもらうことは可能です。

窓口が空いている時間に税務署に行くことができないという人は、郵便で送っても大丈夫。提出用の確定申告書と一緒に、切手を貼って自分の住所を書いた返信用封筒と、確定申告書の控えの用紙を同封しておけば、控えに受付印を押して送り返してくれるはずです。


もう一つの方法として、国税当局が推奨しているのがｅ－Ｔａｘ（イータックス、以降ｅ－Ｔａｘで統一）での送信です。

二〇〇四年（平成一六年）から開始されたのですが、当初は、なかなか利用者が増えませんでした。大阪国税局の各税務署では管内に所属する税理士に呼び掛け、ｅ－Ｔａｘで申告するように協力を求めていました。どの署も自署での普及率がワーストワンにならないように必死だったように記憶しています。

スマートフォンでも使えるようになってからは、少しずつ利用も増加しているようです。

最近、ネットで内閣府が、e‐Taxを利用しない理由についてアンケートを公表しているのを見つけました。多くの納税者が次の二つをあげたそうです。

①電子的な提出が困難で、書面提出になる添付書類がある。

②電子証明書やICカードリーダダライタの取得に費用や手間がかかる。

e‐Taxで送信した場合、リアルな「確定申告書の控え」に税務署の受付印を押すことはできませんが、送信した日時を印字したものをプリントアウトすることができます。

さて、皆さん、ここで「確定申告書の控え」と聞いて思い出されたことはないでしょうか。

確定申告書の控えや、送信したことを印字した書類は、単に、確定申告書を受け付けたという受け払いの事実を記すだけで、内容を担保したものではありません。

しかし、この「確定申告書の控え」に意味を持たせる状況がコロナ禍で生まれました。

それは、持続化給付金の申請です。

確定申告書の控えは、たんなる控えです

税務署に入って一～二年の間、私の唯一の職員らしい仕事は、納税証明書を発行することでした。

納税証明書を必要とする人の理由はさまざまです。融資や入札、保育園の入所のためなど、毎日、いろんな人が「納税証明書」を手に入れるため窓口にやって来ます。

納税証明書の発行は、本人確認から始まります。本人でない場合は委任状が必要なのですが、本人に成り済まして何回も納税証明書を申請しに来る人物もいました。ただし、個人情報保護法が制定されてからは本人確認が厳密になり、妻であっても委任状が必要になったり、納税証明書の申請はますます面倒なものになりました。

納税証明書は、所得金額を証明するものと納めた税額を証明するものがあるのですが、「確定申告書の控え」を再発行してほしいという人もありました。

しかし、**確定申告書の控えは税務署が「発行」するようなものではありません。**

確定申告書に受付印を押すという行為は、「〇年〇月〇日に、この確定申告書を受け付けました！」と、税務署が書類を受け取った事実を記録するだけのもので、税務署としては、なんら意味を持たせていません。再発行などありえないのです。

では、なぜ「控え」を求めに税務署に来るのでしょうか。

それは、確定申告書の控えに書かれている内容を、何かの判断材料にする人がいるからです。

納税証明書は、その金額を税務署長が認めて発行するのですが、一年分、一通ごとに手数料が必要です。しかも、証明書には所得金額と納税金額、未納の税金の有無についてだけしか記載されません。

一方、確定申告書の控えなら手数料はいらないし、所得金額以外の情報を知ることができます。

それでも、もう一度言うと、税務署では、ずっと昔から、確定申告書の控えにはなんら意味を持たせていません。

「持続化給付金には関わらない」という動物的な勘

そんなわけで、持続化給付金の申請に必要な書類として、「確定申告書の控え」が挙げられていることを知ったとき、私はとても驚きました。

同時に、動物的な勘も働きました。

内容を担保できない**確定申告書の控えの、それもコピーを送信するだけで給付金が支給される手続きに、税理士の資格を持っている私は関わってはいけない**、そう直感したのです。

一回目の持続化給付金の手続きの際、私と同じように、税務に関することではないので、税理士が手数料を取って関わる仕事ではない、という感覚を持った税理士は少なくなかったと思います。

税理士でなくとも、インターネットやスマホでの手続きに長けている人が報酬を得て、持続化給付金の申請を代行するケースがたくさんありました。中には、折半《せっぱん》どころか、半分以上の手数料をせしめて申請を代行するという人もいたようです。

二〇二二年、ＮＨＫの夜ドラ『あなたのブツが、ここに』が話題になりました。私のような関西人にとっては、役者さんのネイティブな大阪弁が耳に心地よく、コロナ禍での様子をリアルに再現していました。

キャバ嬢から宅配ドライバーに転身するシングルマザーが主人公なのですが、彼女が持続化給付金詐欺に遭《あ》ってしまったことからお話が始まります。持続化給付金は、そんなドラマも生み出しました。

経済産業省が手続きを簡素化した背景には、少しでも早く、困っている人を助けたいという思いがあったのだろうとは思います。

けれども、本当に困っているけれど、ＩＴが苦手であるがために、給付金を手にできなかった人がいた、という事実もあるようです。

さらに、出来心なのか、それが犯罪につながると知らなかったのかはわかりませんが、学生などが持続化給付金詐欺などに手を染めてしまうきっかけとなったのは、とても残念です。

税務に限らず、「あれっ、これって大丈夫なのかな?」と、感じるセンサーを持つことは、さまざまな事件や不正の加害者・被害者になることを避けるためにも必要だと思います。

持続化給付金を受給すると、調査される？

持続化給付金について、売上が減ったことを理由に給付を受けたものなので、課税されないと思われている方もあるようですが、「非課税所得」とされていない限り、**自分が手にしたお金は、すべて原則課税対象と考えるべき**でしょう。

「給付金をもらったのですが、決算書に書くのを忘れてしまいました。申告書を提出しに行ったときは何も言われなかったので、大丈夫ですよね！」

こんなことを口にする経営者の方もおられるのですが、いえいえ、そんなことはありません。

確定申告の時期は、申告書は「受け付けるだけ」です。内容のチェックは、後日、職員が綿密に行うのです。

持続化給付金については不正が発覚した場合、罰せられるということは皆さんご存じかと思います。

一方で、持続化給付金を受け取ったことを理由に税務調査に入られるのでは？と心配されている方もいらっしゃるようです。

税務署は、持続化給付金を受け取った納税者のリストは当然チェックしています。調査官たちは、今後、調査のタマを選ぶ「選定」という作業の際、最低限確認するポイントとして、**持続化給付金の経理処理が正しく行われているか**を挙げているはずです。

これは違った言い方をすると、持続給付金を受け取っただけでは、税務調査の対象になることはない、ということです。

もう医療費の領収書は提出しなくていいの？

ここ一〇年の確定申告で大きく変わったことの一つに、医療費控除の還付《かんぷ》申告があります。

長い間、医療費控除を受けるには、病院などから受け取った領収書の現物を、確定申告書に添付することが要件になっていました。

医療費をいくら使ったのかを確認する書類として、健康保険組合から送付される「医療費のお知らせ」もありますが、それでは受け付けてはいけないと決められていたんです。源泉徴収票も現物でないとダメでした。

税務署は、それぞれの確定申告書の縦計と内容のチェックが終わると、医療費の領収書を申告書から外し、別途保管しました。

この別途保管、年分ごとに「名寄せ」といって領収書が入れられた封筒を納税者の氏名で五十音順にし、大きな箱に保管しておくのですが、この作業が結構大変でした。どこの税務署でも耐火書庫には、医療費の領収書が大量に保管されていました。

ところが、e-Taxが導入されると、医療費の領収書は添付しなくてもよいことになりました。「医療費の明細書」に記載するだけで、「領収書は税務署に提出しなくていいですよ。自宅で保管してください」ということになったんです。

そうなると、「内容の確認はどうするのだろう、いつするのだろう?」という疑問が浮かびます。

その答えは、「内容の確認は、いつになるかわからないけれど、税務署から尋ねられた

際には速やかに提示できるように、領収書をご自身できちんと保管しておいてください
ね」ということになったわけです。

税務署の倉庫は保管すべき医療費の領収書が減り、スッキリしているのではないかと想像できます。

e-Taxは納税者の利便性をうたっていますが、もちろん税務署で働く職員の事務の簡素化や事務室内での書類を少なくする、という点でも一役買っているのは間違いありません。

そうすれば、税務職員の「内勤」の仕事が減ります。すると、どうなるのでしょうか。内勤の仕事が減るということは、「外回り」と呼ばれる税務調査に費やす時間が増えるということを意味します。国税当局は、e-Taxの普及によって、実調率（後に詳述します）をアップさせ、税収を上げることを考えているのだろうと思います。

調査官たちは、在宅勤務で何をしているのか

コロナ禍によって、勤め先が在宅勤務を導入したという方は、数多いと思います。就業時刻になったら自分の判断で仕事を始め、お昼になったらご飯を食べ、終業時刻になったら仕事を終える――。

在宅勤務によって、「満員電車に乗らなくてよい」「通勤時間を、他のことに使える」「通勤用の服や化粧品代を節約できる」など、さまざまな効用が話題になりました。

在宅勤務は、かねて働き方の多様性として推奨されていたものの、なかなか浸透しなかったのですが、新型コロナウイルスの感染拡大により一般にも普及するという、皮肉なことが社会現象として起こったわけです。

税務署で働く調査官たちも、緊急事態宣言を受け、在宅勤務を強いられていました。では調査官たちは、在宅勤務ではどんなことをしていたのでしょうか。

私は、すでに国税を後にして一五年経っていますが、国税当局の方針は「国税庁レポート」など見る限り、以前と変わっていません。

人づてに聞いた話では、調査官たちの中には、在宅勤務で情報収集に勤しんでいた人もいたようです。

調査官は、いかなる状況にあっても、税務調査のための情報収集をするように言われているのですが、臨場調査がメインです。準備調査をしたり、調査の結果をまとめる起案という作業に追われ、どうしても情報収集は後回しになります。

ところが、コロナにより納税者のところに出向く調査ができなくなりました。調査官として自宅でできることとは何か。役所の書類を持ち帰って事務を執るなんてことはできません。となると、情報収集に徹するしかありません。

テレビでコロナ禍でも業績を上げている企業を紹介している番組をやっていたら、すかさずチェックできますし、昼休みに自宅の近くで昼食を食べに出れば、今まで知らなかったお店の生の情報を得ることができます。

調査官たちは在宅勤務をしている間、今まで以上にたくさんの情報を収集したことでしょう。今後の税務調査は、さらに精度の高いものになっていくと考えたほうがよさそうです。

コロナ禍で、「税務署はもっと見ている」ということになると思います。

コロナ禍で好調な会社も三年泳がせる

『税務署は見ている。』を出版して以降、メディア関連の仕事でいろいろお声がけをいただきます。

二〇二一年、とあるビジネス雑誌からコロナ禍における税務調査について書いてほしい、という相談を受けました。今までなら、東京まで出向いて打ち合わせという流れでしたが、大阪にいながらにしてオンラインミーティングとなりました。

さて、コロナ禍の状況下において、国税・税務署はどのように税務調査を行うのでしょうか。

国税庁は、二〇〇四年以降、毎年「国税庁レポート」をホームページ上で公表しています。

税務調査については、「国税庁レポート２０２１」の「１適正・公平な課税の推進」

で、「(1) 調査において重点的に取り組んでいる事項」として、

- 消費税の適正課税の確保のため、十分な審査と調査を実施
- 資産運用の多様化・国際化を念頭に置いた調査を実施
- 資料情報を活用し、的確に無申告者を把握

を挙げています。

国税・税務署は、売上が急激に上昇した業種業態の企業に対しては、税務調査のＧＯサインを出します。

今後、数年の間は、**コロナで業績がアップしたという企業は税務調査に選ばれる確率が高くなる**と考えてよいでしょう。

ただし、現在、コロナ関連で収益が上がった企業、またそういう企業と取引をしているからといって、すぐに国税・税務署が来るとは限りません。むしろ、**三年くらい経ってから調査に来る**と思ったほうがよいと思います。それはなぜでしょうか。

国税当局にとっても人件費が一番大きな経費となります。人件費を最小限に抑えて多

額の追加の税金を集めるためには、不正があったと思われても単年では調査に入らず、三年くらい「泳がせて」おいて、その後、税務調査に入るほうが効率がよいという事情があるんです。

今回のコロナに関する取引に限らず、他にも**単発取引や現金決済は売上除外（売上計上漏れ）になりやすい**ことを国税当局はよく知っています。

単発取引や現金決済などが売上計上漏れになっていないかどうかについては、常に気をつけて確認する必要があります。

少額の副業でも、税務署はやって来る

コロナ禍で、よく目にするようになったのが、大きなカバンを背負って街中を走る自転車です。

「副業でデリバリーやってる人に、税務調査なんて、あるわけない！」

これも、そんなことはありません。

確定申告をする際は、「収入」から「必要経費」を差し引いて「所得金額」を算出します。

売上を得るために直接必要だった**経費のレシートや領収書は、大切に保存しておくことが後々、自分を助ける**ことになります。

確定申告が必要かどうかの目安は、年間の所得が二〇万円を超えるかどうかです。たとえば、毎週末、月に八日働いた人がいるとしましょう。一日一万円の収入だと、年間の収入金額は九六万円となります。

必要経費の計算をしてみましょう。

話をわかりやすくするため、経費は「三万円の自転車を買って、デリバリー以外には乗っていない。デリバリー専用の携帯を購入し毎月一万円支払っている」だけとします。すると、自転車の購入費用と年間の電話料金（一万円×一二カ月）を足すと、年間の必要経費は一五万円となります。ここから所得金額を計算します。

96万円（収入金額）－15万円（必要経費）＝81万円（所得金額）

副業の所得は八一万円と算出できました。これは二〇万円を超えるので、確定申告は必要ということになります。

年間、副業が一〇〇万円にも満たない人のところに税務調査なんてあるのだろうか？　こんな疑問をお持ちになる方もいるかもしれません。

はい、税務調査はあります。

一人ひとりの金額はわずかでも、同じパターンで追加の税金が多く徴収できるとなれば、税務署は動きます。

息子のバイトで「働き損」になる父親

大阪国税局管内の税務署では、調査官が出向くのではなく、税務署に来てもらう税務調査のパターンを「事後処理」と呼んでいました。

これは、先ほど紹介した国税庁が「重点的に取り組んでいる事項」の中で挙げていた「資料情報を活用し、的確に無申告者を把握」に該当します。

税務調査は「臨場調査《りんじょうちょうさ》」といって、調査官が自宅や事務所に出向いて行うものがメインなのですが、税務署から呼び出しのハガキが届いたり、電話がかかってきたりするタイプで、「簡易な接触」というものもあります。

コロナ禍では、この簡易な接触による調査の割合が増えていると聞きます。

税務署で働く人たちだって、コロナに感染することは恐れています。臨場せずに税務署に来てもらって調査を終えることができるなら、そのほうがありがたいのは間違いありません。

この「**簡易な接触**」で調査する会社員の場合、たとえばデリバリーの副業をしていたら、メインの給与所得に副業の所得をプラスして申告することになりますが、大体において確定申告をしていないので、「無申告」の扱いとなってしまいます。

また、大学生でデリバリーのアルバイトをしている場合、雇用形態にもよるのですが、各自で確定申告が必要になってくるパターンが多いようです。

この学生が地方出身で、離れて暮らしている父親の扶養に入っていると、アルバイトで稼いだ額によって、父親のほうは扶養家族を外す確定申告、さらに大学生自身の確定申告のダブルで追加の税金の対象となることもあります。

仕送りをしているという親御さん。ご子息からアルバイト事情を聞き出すのは一苦労かもしれません。

でも、どんなアルバイトをしてどれくらい稼いでいるのか、教えてもらっておかないと、働いたぶんだけ税金で持っていかれる「働き損」のような現象が起こってしまう可能性があるのです。

副業は雑所得か、事業所得か問題について

このように、最近、広がってきた「副業」は、税金という面からは、知っておかなければいけないことが結構あります。

では、ここで副業をしているAさんに登場してもらいましょう。

まず、私から素朴な疑問を投げかけます。

「Aさんは、なんで副業してるんですか」

「飯田先生、何を今さら聞くんですか。コロナ禍で在宅勤務を強いられて、会社の仕事も減って、残業代を稼ぐこともできなくなったからですよ。もともと残業代込みで住宅ローンの返済も計画を立てました。副業は収入を増やすため、今の生活を維持するためにやっています」

「確認なんですけれど、増やすのは収入ですか？」

「飯田先生、揚げ足を取らないでくださいよ～（笑）。収入というか、手元に残るお金、手取りを増やすためですよ」とAさんは、笑いながら答えます。

「そう、増やしたいのは『手取り』ですよね。では、収入が増えたとしても、必要経費がたくさんかかって、手取りが増えないとしたら、その副業を続けますか」

私がそう尋ねると、Aさんは「いや、それなら副業はしません」と断言します。

副業を始めるきっかけは、いろいろな動機があると思いますが、Aさんのパターンは結構多いように思います。確実に手取りを増やしたい。

となれば、メインの仕事のサラリーにプラスアルファになる仕事を選んでいるはずです。メインの仕事があって、それを補うために副業をするケースが大多数です。

ここで考えてみたいのが、二〇二二年に議論された「副業は雑所得か、事業所得か問題」についてです。

あえて、ものすごくシンプルに説明すると、税金を納付する上では、雑所得よりも事業所得のほうが、さまざまな控除を受けられるので有利だとされます。

制度上は、収入額などによって、雑所得と事業所得をどう区分するかのルールが定められています。

私は、たまたま国税に勤めていた経験があるだけで、法律を作る側の人間ではありません。でも現場のことは、ある程度わかっていると思っています。

その現場の感覚からすると、今、取り沙汰されている「副業」については、所得税法で定義できる範疇《はんちゅう》にないと思うのです。

となれば、Aさんがやっているような**副業については、事業所得ではなく、雑所得として区分されることでいい**のではないかと思うわけです。

食えない小説家と、副業で「赤字」を出す実業家

Bさんはフリーライターです。小説家を目指して、いろいろな公募文学賞に応募しているのですが、なかなか入賞しません。ライターの仕事、また小説執筆の取材のためにもお金を使っています。

ライターの収入だけでは食べていけないので、コンビニエンスストアで深夜も勤務をして生活をしのいでいます。

このBさん、職業欄には「ライター」あるいは「執筆家」と書かれています。

そうです、Bさんはモノを書くことを「副業」とは思っていません。

現状、アルバイトの収入のほうが多いので、ライター稼業で稼いだ原稿料は、所得金額の基準で「雑所得」に区分されるかもしれません。

しかしBさんは、本気で小説家になりたいと思っているのです。取材のために費やした費用を賄《まかな》うためにもコンビニでバイトしているのです。

さて、Bさんの原稿料を雑所得として、いいのでしょうか。

同じようなことは、なかなか稼ぐことができない芸術家や芸人さんにも言えると思います。

事業所得なのか雑所得なのかの判定は、単なる金額の問題ではないということです。税務署に開業届を提出し、誰がなんと言おうとその仕事が本業だという信念を持ってやり続けている限り、どんなに所得が少なくても、事業所得として計算していいと思うのです。

一方で、どんどん身なりが派手になっていっているのに、「副業」と称した事業で「赤字」を出して納税を抑え、ニヤニヤしているような人は昔から存在します。

私は、そんな人は、税法で規制をかけなくても、きっとどこかで足を引っ張られると思うようにしています。

正直者がバカを見る世の中ではいけません。

人は人、自分は自分です。自分らしく活き活きとした人生を送るために、自分がこれだと思った道を歩み続ける強い意思を持って頑張っている人は素晴らしいと思います。

知っておきたい「インボイス制度」

二〇二三年、一番注目されている税務に関するテーマは「**インボイス制度**」の導入でしょうか。

「インボイス制度って、よく聞くけれど、実際問題、どんなことかイマイチわからないんだよね」

そんなふうに思っている方、結構いらっしゃいます。はい、確かにわかりにくいです。

「インボイスって、（売上の大きな）会社の話で、フリーランスの私には関係ないんですよね」

こう仰る方もいるのですが、う〜ん、どうでしょうか。

国税庁のホームページで紹介されている「免税事業者のみなさまへ　令和5年10月1日からインボイス制度が始まります！」というリーフレットには、

「買手は、仕入税額控除の適用のために、原則として売手から交付を受けたインボイス（適格請求書）を保存する必要があります。

売手は、インボイスを交付するためには、事前にインボイス発行事業者（適格請求書発行事業者）の登録を受ける必要があり、登録を受けると、課税事業者として消費税の申告が必要となります。」

と書かれています。

あなたが免税事業者の売手で、買手はあなたの売上先で大企業だと思って読んでみるとわかりやすいかなと思うのですが、いかがでしょうか。

「インボイス制度」について本当に理解しようとするには、消費税が導入されたときからの話をしないといけなくなります。

消費税を導入した当初、年間の課税売上が三〇〇〇万円までは免税事業者とし、後にその上限を一〇〇〇万円まで下げました。

ここへ来て、ようやく「消費一般に広く公平に課税する間接税」という形を整えるべく、インボイス制度が導入されたという流れがあります。

大手企業と取引をしている方は、ご自身の課税売上が一〇〇〇万円を超えていなくても、課税事業者となり、インボイス（適格請求書）を発行できる事業主となるほうがいいかもしれません。

一方で、自分の事業は今後も売上が一〇〇〇万円を超えることはないだろうから、このまま、免税事業者であり続けることを選ぶ方もいるでしょう。

一般の消費者を相手に商売をしていて、売上金額が一〇〇〇万円以下である場合は、なんらアクションを起こす必要はないかもしれません。

場合によっては、簡易課税制度を選択するという方法もあるかと思います……。

「えっ、なにこの答え。全然、整っていない！　むしろ複雑怪奇になってるじゃないか」

そう、お怒りになっている声が聞こえてきます。本当に申し訳ありません。

「インボイス制度」については、実際に制度が動き始めれば、いろいろなことが見えてくると思うのですが、**現状、経営者、個人事業主一人ひとりの責任において、どのような対応をとるかを決めるしかありません。**

値決めは経営——これは、日本を代表する経営者である稲盛和夫さんが唱えられた「経営12カ条」の中の一つです。

インボイス制度にどう対応するかは、値決めに対する態度と同じようなものです。

まさに、ビジネスの値決めについて、考えるときです。

売上金額が一〇〇〇万円以下であっても、事業を始めたら、大企業と同じ土俵に上がったことになります。

どんな制度がスタートしても、自分の経営が成り立つように、ご自身のビジネスの価値を決めないといけません。

ビジネスを続ける限り、税金とは無縁ではいられません。他人任せにせず、常にご自身でアンテナを張り、税務に関する情報を収集することも、経営者として大切な仕事の一つだと思います。

第1章

税務署はやっぱり見ている。

調査案件はこうして選ばれる

ベテラン刑事のような調査官

ある年、ある日の税務署内のワンシーン。

「上席《じょうせき》、どうやってタマを選んでおられるんですか？」

私が質問をしても、上席はニヤニヤするだけで、答えてくれません。事務官だった私は仕方なく、再びわからないまま調査カードに資料せん（様々な方法で収集された取引が記載された紙片）を挿入する作業を続けます。すると同じ島の先輩調査官が横から口を挟《はさ》みました。

「あのなあ〜。それはな、臭うんや」

先輩調査官がちょっと自慢げに話すと、上席は調査カードのほうに視線を向けたまま、ゆっくりとうなずいていました。

頃は七月。税務署の事務年度が七月一日から六月三〇日だということは、あとでお話しするとして、定期異動が終わると、税務署では職員の入れ替えとともに税務調査の「タマ」も選び直します。

「上席」というのは、平たく言うと、「ベテラン調査官」といったところでしょうか。

かつて人気を博した『踊る大捜査線』で、いかりや長介さんが演じておられた和久さんという感じです。職人気質《かたぎ》で現場一筋何十年という人をイメージしていただけるといいかなと思います。

警察署も税務署も、同じ「署」と名のつく機関だけあって、組織の構造的にも似通ったところがあるようです。その点については、またあとでご紹介することにしましょう。

調査対象に「選ばれる」三つのステップ

「どんな会社が調査に選ばれやすいんですか?」

これは一番よくお受けする質問です。

名刺は初対面の方との会話を始める、最も重要なアイテム。私は自分自身が立ち上げた一般社団法人の代表理事をしているのですが、名刺に私個人の信頼の証として国家資格である「税理士」も併せて記載しています。

税理士業務は一般社団法人の業務内容とかけ離れた感があるので、

「えっ、税理士もやっておられるんですか？」と言われます。

「いえ、一般的な申告書作成や記帳業務はしていないんです。実は、ずっと税務署で税務調査という仕事をしていて、それで退職後、税理士登録をさせていただいたんです」

こう答えると、「どんな会社が調査に選ばれやすいのか」を聞かれることになるのです。


もし、この質問を私が国税調査官をしていたときに投げかけられていたら、どう答えていたでしょうか。

「どんな会社が税務調査に選ばれやすいか？　そんなことがわかるんなら、こっちが教えてほしい」と言ったに違いありません。

調査官は日々、どの会社に不正があるのか、どこを調査に選べば、追加の税金をたくさん納めていただけるのかを考えています。

「それがわかるのであれば教えてほしい」というのは一般の方々が疑問に思うところでしょうが、多くの調査官は、自身もそのように思っているはずです。

「どんな業種が調査に選ばれやすいのか」という質問もよくお受けします。これも同じことです。同じ業種であっても薄利多売な会社もあれば、付加価値をつけて数は多くなくてもいいものを提供するというポリシーで事業を展開している会社もあります。

会社の経営方針は、その経営者の考え方によるものであり、業種だけで調査に選ばれやすいかどうかを決めることはできません。

とはいうものの、国税当局では実際に調査に着手するまでの手順というものがありま す。それは「**準備調査**」と言われているのですが、次のような三つのステップを踏みます。

ステップ①机上調査――現在、国税庁はKSKというシステムを導入しています。国税総合管理（KOKUZEI SOUGOU KANRI）システムの頭文字を取ったものです。英語ではありません。NHKが日本放送協会の略なのと似ています。

国税庁は、近年の経済取引の複雑化・広域化など、税務行政を取り巻く環境の変化に対応しつつ、税務行政そのものの高度化・効率化を図り、適正・公平な課税の実現を目指すため、地域や税目を超えて情報を一元的に管理するコンピュータシステムである

ＫＳＫのシステムを導入しています。

全国五二四のすべての税務署が一元的なコンピュータのネットワークで結ばれているのです。

ＫＳＫには、毎年提出される申告書のデータはもちろんのこと、調査官が実際に見聞きした情報もデータ化され蓄積されています。


たとえば、調査官がマイカーで初詣に行った際、駐車場がなくて困っていたとします。すると、この調査官を親切に誘導してくれる男性がいました。彼に導かれ、到着したのは民家の庭先。あたりを見渡すと、すでに数台の車が停めてあり、そこまで誘導してくれた男性とは別の人物が、

「一〇〇〇円頂戴します」

というので素直にお金を渡します。すると男性は受け取った千円札をおもむろにポケットに入れ、

「ありがとうございます。気をつけてお参りを！」

と言いながら次の車の参拝客に駆け寄っていきました。

さて、このお話は何を物語っているのでしょうか。

初詣は毎年恒例の行事。その民家に住んでいる人は、毎年、この時期に路上駐車する参拝客が多くて、うんざりしていたのかもしれません。そこで、こんなふうに考えました。

自分の家の庭は結構広いし、お正月は息子も実家に帰ってくるから、手伝ってもらえば、車の一時預かりができる。参拝に来る人は、少しのお金を惜しんで路上駐車をして駐禁ステッカーを貼られるなんて、年始早々縁起が悪いと思うから、少し高めの値段設定でも駐車料を払うだろう。領収書を渡すのは面倒だからやめておこう……。

こんなロジックで、参拝客の自動車の一時預かりは、この民家の毎年恒例の臨時収入源になっているかもしれないのです。

そこで、この場合、調査官は記録を残すことになります。

【収集者】○○税務署　○○部門　○○
【日時】○月○日○曜日、○時～○時

【場所】○○県○○市○○町
【氏名】○○
【内容】○○神社近くで臨時に青空駐車をさせている。1時間1000円。従事者60代男性1名と30代男性1名。売上金はポケットにしまい込んだ。領収書の発行は無。

調査官はそのとき知りえた事実をメモし、税務署に出勤したら、その内容をKSKに入力します。KSKにはこのようにさまざまなデータが蓄積されています。それを一つひとつ丹念にチェックしていくのが机上調査です。

ステップ②外観調査——外観調査とは、その会社の様子を外から見て、不正を働いているかどうかの判断材料にしようというものです。

経営者の自宅や事業所などについては、税務署に提出されている申告書からわかります。外観調査では、調査官は経営者が毎日歩いているであろう自宅から事業所までの同じルートを辿《たど》ることで、道中にある金融機関を把握することができます。

また、事業所の外観調査を行った際、前回の調査では取引先としてあがっていなかった会社の軽トラックが停まっている場合があります。調査官はその軽トラに書いてある会社名とナンバーをメモし、署に戻って検索をします。簿外取引の相手である可能性が高いと判断した場合、それが決め手となって調査着手となることもあります。

インターネット取引が始まり、世の中に広がってきた頃、取引金額ではなく宅配便の受け払いの多いものについてピックアップしたことがありました。

ある会社員の場合、ネットを使って物販などをしていました。サイドビジネス、つまり副業のつもりがどんどん売上が増えて、表に出すタイミングを失い、そのまま無申告を続けていました。

会社員の家庭であるにもかかわらず、宅配便の利用頻度が高く調査の選定にあがったのです。売上金額は一目瞭然。預金通帳の入金を合計すればわかります。商品は蚤《のみ》の市《いち》などで現金で仕入れていました。

今でもそうだと思うのですが、蚤の市などで領収書を発行することはあまりないでしょう。必要経費の計算ができないと、そのままストレートに売上を所得とするのも酷なので、可処分所得から所得金額を算定することになります。

年間の食費、自宅のローン、教育費、保険料、自分の小遣い、積立などから調査金額を計算していくこともあるのです。

趣味の延長の小遣い稼ぎという軽い気持ちで始めた副業。一年、二年、申告をしなくても何のお咎《とが》めもないのをいいことに無申告を続けていると、儲けたお金を使い果たした頃にやって来るのが税務署です。

税務署がやって来て、無申告が発覚すると、三年分、五年分、悪質であれば七年前までさかのぼって追加の税金を払わなければならないという事態にもなりかねないのです。

ステップ③内偵調査――会社を外から見るだけでなく、実際に客として店に入ったりして、その実態を把握するために調査することを「内偵調査」と言います。

現金商売や多店舗展開をしている会社の場合、内偵調査を行うことが多いのですが、黒っぽいスーツを着た、見慣れない一見客は経営者の印象にも残っていることがあるようです。

内偵調査に行ったお店へ、税務調査で実際にうかがったところ、

「この前、お客さんとしていらしてましたよね」

こう言われることは珍しくはありません。

聞きたいことが、調査したいこと

調査のタマが選定されるのは、資料との突き合わせによってだけではありません。過去からの決算書を並べてみて、その流れから不正を想定することもあります。

KSKでは、提出された申告書のデータからさまざまな分析を行い、いろんな数値を出しています。その数値が、「標準値」から大きくかけ離れたものになっていると、調査対象にあげられやすくなるのです。

たとえば、売上が順調に伸びているところがあれば、なぜ売上を伸ばしているのかを聞きに行きたくなりますし、新たに資産を購入したという場合は、なぜその資産を購入したのか、その購入資金の出どころはどこなのかを聞きに行きたくなります。

つまり、税務署がさまざまな数字を見て、少しでも「なんでだろう」と疑問を感じた

場合、

「どんな内容なのか聞きに行きたくなる＝調査対象にあがりやすい」

となると考えていただいていいかもしれません。

調査官時代、名医と呼ばれる方のところに税務調査に行ったことがありました。全国から患者さんが来られるその名医の方に、

「どうやって病気を見つけられるのですか？」

とお尋ねしたところ、返ってきた言葉が、

「お宅らも同じでしょ。長年やってたらわかるようになるんですわ」

というものでした。まさしくこれが、先輩調査官が口にして、上席もうなずいた、「それは、臭うんや」ということだったのです。

一度身についた勘とは恐ろしいもので、私は、調査官でなくなった今でも、名刺交換しただけで、「**この人はやってるかも……**」とわかるようになってしまいました。

タレコミをするのは誰か

三つのステップを踏んで、実地調査対象に選ばれるのはご説明したとおりなのですが、実は、もう一つ別な流れで調査に選定される場合があります。それは、投書や「タレコミ」と言われるもの。

つまり告発です。

一般の企業において、クレーム対応やクレーム処理は大切な仕事の一つでしょう。**国税当局への投書やタレコミの処理は、この一般企業のクレーム処理に似ています。**

いったん当局に寄せられた投書やタレコミは、どんなにつまらない内容であっても、実際の調査につながるかどうかは別として、一〇〇パーセント処理しなければなりません。

投書やタレコミについては、会社経営者の元奥さん、元愛人、あるいは元右腕だった役員、さらに元従業員などから多く寄せられます。そして、これら内部事情に詳しい人からの情報は確かな場合が多いのも事実です。

「知り合いの社長が、何も悪いことをしていないのにマルサに入られたと言っていました。そんなことがあるのでしょうか」

そんな質問を受けることもあります。これもひょっとすると、社長のごく近くにいた近親者や関係者が告発をしているのかもしれません。

それまではとても近くにいて強い信頼関係で結ばれていた人に限って告発をするようになるのは、なぜなのでしょうか。

「ここまで会社が大きくなったのは、私がいたからなのに……」

社長の近くにいた人のこういう思いが、告発につながっているのではないかと思います。

あとで詳しくご説明しますが、**税務調査に入られにくい企業の体質は、まずは、社員同士のコミュニケーションがよい**ことが特徴になっています。

経営者は、ともに会社を大きくするために頑張ってきた人には、特にいつも感謝の気持ちを伝えること、その働きに報いることを忘れると、思わぬ反旗を翻されます。

「金の切れ目は縁の切れ目」とはよく言われる言葉ですが、私の経験からすれば、元奥さん、元愛人などには、経営者が思っている以上にきちんとした対応をしないと、特に恨みを買うことが多いように思います。

「あの会社は、ダ・ツ・ゼ・イをしている」

これは私がまだ一番下っ端の事務官だった頃の話です。調査部門に配属されたものの、内勤だった私の仕事は、誰よりも早く出勤してフロアーすべての机を拭《ふ》くこと、上司や先輩職員のマイカップを覚え、朝の業務開始前と三時に数十人分のお茶を淹《い》れること、そして窓口業務と電話の応対でした。

ある日、中年と思しき女性の声で電話がありました。

「どんだけ待たせんねんな。待ってる間も電話代かかってるねんで。わかってんの！」

税務調査では、不正を見つけて経営者や税理士に強い口調で応対することもありますが、窓口業務や電話の応対では、そんなことはめったにありません。職員のほうが納税者からお叱りを受ける場合がほとんどです。

「ちょっと、聞いてんの？」

女性はかなり興奮しているようです。

「はい。聞いています。どのようなことでしょうか」

「あのなあ、○○市○○町の××工業やけどなあ」

女性は一つ大きく深呼吸をしてから、今度はひそひそ声で言いました。

「**ダ・ツ・ゼ・イ……。脱税してんねん**」

「えっ、脱税ですか……」

私はちょっとびっくりして、その言葉をオウム返ししました。

すると、隣の席のベテラン女性職員が私に目配せをしました。細かな内容を聞き出すまで電話を切るなという合図です。

「そやから、××工業が脱税してるって言うてんねん。あんた、ホンマに税務署の人間か。一回しか言わへんからちゃんと聞いときや。

××工業の社長の自宅の寝室のベッドの頭のほうに小さい引き出しがあるわ。そこにパスポートとか実印が片付けてある。そのパスポートの下に通帳が入ってる。その通帳に振り込まれてる売上は全部申告してへんねん。

で、いつ調査行ってくれるん？」

「えっ、あっ、あの、それはまだわかりませんが……」
「何言うてんねん。こっちは情報提供してるんやから、いつ調査行って、なんぼ税金取ったんか、ちゃんと報告してくれんと困るんや！」

調査されやすい社長のタイプ

電話をかけてきたのは、その会社の経営者の元妻でした。自分の現住所も名前も告げ、調査の結果を報告するように言ってきましたが、もちろん、どの企業に税務調査に行くのか、いくら追加の税金を納めることになったのかについて、税務署が一個人に知らせることはありません。

この電話の主のねらいは明らかです。**税務調査という手段を使って、元夫への復讐をしようと思いついた**のです。

私の経験では、たとえ離婚していなかったとしても、**税務調査の対象となった会社の経営者は、夫婦仲が悪い**というケースが少なくありませんでした。

創業当初は夫婦二人で力を合わせて事業に励んでいたものの、会社が成長すると、経営者は忙しくなって家庭も顧みず、外との付き合いも増えてくることがあるのでしょう。

それが接待であれば仕方がない面もありますが、仕事とは関係のない交際費、場合によっては、妻には決して明かせない付き合いにかかったお金の領収書も接待交際費として蓄積されているケースがありました。

妻のほうも、毎日、帰りが遅い夫に対しての不満が募ります。

女性の場合、満たされない気持ちを消費で埋めるというのはよくある話。ストレス解消のためにブランドものを買いあさり、その領収書を接待交際費として計上したために経費がかさみ、売上の増加が所得金額に反映されていないという理由から税務調査に選ばれるということもありました。

「どんな会社が税務調査に選ばれやすいのか？」

この質問への答えとしては、

「**自分一人で会社を大きくしたような顔をしている経営者、人間に対して冷たい経営者の企業が選ばれやすい**」となるのかもしれません。

「お尋ね」文書に回答しない人

税務署から送られてきた「お尋ね」文書の回答方法について「元国税調査官・税理士」としてのご意見を書いていただけませんでしょうか――。

こんな依頼があったのは、主に法律に関する専門書を発行している出版社の月刊誌からでした。

私は、『税務署は見ている。』を出版する前から、それを知りたいという人がいるなら、税務署でどんな仕事の仕方をしているのか、オープンにしてよいと判断し、筆を執っていました。

でも、国税ＯＢ税理士の大半は税務署内での仕事について公にすることをよしとしない傾向にあったようです。

税理士の中には、税務署の「お尋ね」には、回答しなくてよいと言われている方もいらっしゃるようで、元国税で、税務調査にも携わっていた私の意見をぜひ聞かせてほしいということでした。

コロナ禍で臨場調査の機会が減ったことも相まって、ここ数年、「お尋ね」の数が急に増えたということが話題になっているようですが、税務署からは、いろいろな「お尋ね」という文書が届きます。

「お尋ね」の文書は、多くの納税者に一斉に郵送されます。提出の期限を決めて、回答があった納税者から名簿の消し込みをしていきます。どの納税者が期日までに回答したのか。内容はきちんと書いていたか。その記録は税務署には残ります。

「お尋ね」の文書が届いた場合、納税者である経営者は、一度は自分の顧問税理士にどのように対処すればよいのか相談すると思います。

そのとき、「お尋ね」文書は、提出しないからといって、罰則規定があるわけではないので、放っておいていいですよ……と言われたとしましょう。

すると、その納税者である経営者は、それ以降「お尋ね」の文書が届いても、重要視しなくなるのではないでしょうか。

税務署では、毎年、「選定」といって、どの納税者に税務調査に行くかを選ぶ作業をします。最後に「あともう一件、選んでおきたいなあ」となったとき、売上規模が同等で、前回の税務調査から同じくらいの期間が経過している二件が候補に挙がっているとしましょう。

そのとき、一方が「お尋ね」文書が毎年「未回答」のままだった、という記録があったとしたら、調査官は、そのことを理由に選定をするということも考えられるのです。

面倒がらずに、指定された期日までに回答することが、税務調査に選ばれない企業体質を構築する第一歩になるのだろうと私は思っています。

副業の還付申告も、三年泳がされている？

確定申告は二月一六日から三月一五日までのはずなのですが、給与所得者の還付申告書は年が明け、税務署が開庁すると受付可能となります。

公的年金が給与所得ではなく、雑所得となり、確定申告が必要となった頃から、税務署では、二月一六日を待たずとも、年が明けると、すぐに確定申告の体制に入る形となりました。

私が、税務署に入って数年くらいの間は、申告の申し出があっても、「事業所得の方は、二月一六日からでないと受付できません！」と突っぱね、事業所得の方の確定申告書に、二月一五日以前の受付印を押してはならない！というムードでした。

副業をしていて確定申告をするという方の場合、副業をした先も所得税を源泉していて、確定申告をすることで、税金が戻ることがあるかと思います。

会社員の確定申告に交じって、二月一六日以前に受け付けられ、還付金も三月を待たずに振り込まれるという場合もあるでしょう。

「お金が振り込まれたということは、この申告の内容が認められたってことなんだな」

普通の方は、そう考えるでしょう。

ところが、実は、そうとは限らないのです。

確定申告の時期は、申告書を受け付け、数字的に差し引き（縦計と呼びます）に間違いがなければ、ひとまず還付金を返します。

ちょっと信じられないことかもしれませんが、**収支内訳書や青色申告決算書の内容は確認せずにお金を返す**のです。

先述したように、e-Taxの普及により、医療費控除などの添付書類を税務署に提出しなくても自宅に保管しておけばよいということになり、会社員の還付申告においても数年後、見直しの連絡の可能性があるということになったのです。

先にも書いたのですが、もう一度、考えてみてください。そもそも、副業は、何のためにするのでしょうか。

多くの方にとっては、「手取り」を増やすためです。

それなのに、毎年、副業を事業所得として、赤字を損益通算して、所得税が還付される申告をしているとなると調査官はどう思うでしょうか。

(この人の確定申告の内容は正しいのかな？　一回、確認する必要があるかも……)

こうなれば、税務署から連絡が入ることになります。

大事なことなので、重ねて言いますが、**還付されたからといって、申告内容が認められたとは限らない**ということです。

もしあなたが副業をしているなら、一般の経営者同様、三年泳がされているかもしれない、ということを肝に銘じておきましょう。

税務署はやっぱり見ている。

第2章

税務署は突然やって来る？

すべては一本の電話から始まる

入念な準備調査の末、この会社に調査に行くぞと決まったら、調査官は「事前通知」をすることになります。「事前通知」はほとんどの場合、電話で行います。

私は調査官になりたての頃、「事前通知」はドキドキで、気合いを入れないとなかなか電話をかけることができませんでした。

「税務調査のご連絡でお電話させていただきました。○月○日、○月○日、○月○日のいずれかでおうかがいしたいと思っています。日程調整をしていただいて、折り返しお電話をいただけますでしょうか」

ここまで言えたら、ひと仕事終わった感じがしたものです。

「えっ？　税務調査の事前通知って、税理士さんのところにするんじゃないの」

これまで税務調査を受けた経験のある方は、そう思われたのではないでしょうか。

「事前通知」については、かつて、昭和三七年九月六日付税理士法関係通達「税務調査の際の納税者および関与税理士に対する事前通知について」の中で、「納税者に対する通知と合わせて、その関与税理士に対しても通知」と書かれています。

大阪国税局管内の税務署では、一時期、この通達のとおり、まず納税者に連絡するという方法をとっていたことがありました。

調査官は、納税者に電話をかけ、顧問税理士に税務署から税務調査の事前通知の連絡があったことを伝え、日程調整をして折り返し電話をしてくれるように言います。でも、これが、対納税者だと、スムーズにいかないことが多かったんです。

納税者「先生、嫁が、税務署から電話があったって言ってるんですけど……」

顧問税理士「どんな用事って言ってたんですか？」

納税者「なんや、税務調査がどうのこうのって言ってたみたいです」

顧問税理士「それは、税務調査の事前通知の電話だと思いますよ。電話してきたのは、どの部門のなんていう名前の調査官だったんですか？」

納税者「いや〜、それが、ちゃんと聞き取れてなかったみたいなんです……」

納税者に事前通知をしても要領を得ず、税務署としては二度手間三度手間になり仕事がはかどりません。そんなことから、税務調査の事前通知は、顧問の税理士に電話をするのが主流になったという経緯があります。

平成二四年九月一二日付「調査手続の実施に当たっての基本的な考え方等について（事務運営指針）」では、事前通知の実施について、「納税義務者に対し実地の調査を行う場合には、原則として、調査の対象となる納税義務者及び税務代理人の双方に対し、（中略）事前通知する。」となっています。

税務署から直接電話がかかってくることもあるということを知っておくのがよいと思います。

日程は変更しても構わない

調査官は事前通知の際、たいてい、三つほど税務調査の候補をあげてきます。

「私のほうでは、一〇月一一日（火）か、一〇月一二日（水）か、一〇月一三日（木）のいずれかで予定しています。〇〇さん（調査対象となった納税者）と日程を調整していただいて、折り返しお電話いただけますでしょうか」

こんな感じです。

さて、ここで問題です。

あなたが、今回の調査対象者だった場合、この三日のうち、どの日で返事をしますか？

あなたも顧問税理士もこの三日間他に予定は入ってなかったとしたら、一〇月一一日（火）にするでしょうか？

「一番早いし、調査官によい印象を与えるんじゃないかな」

まあ、そういうこともあるかもしれません。

ですが、私がお勧めするのは、一番遠い一〇月一三日（木）です。

それはなぜか――。

税務調査のリハーサルをするためです。

一一日か、一二日に、顧問の税理士に調査官がやって来ると言ってきた場所に来てもらって、リハーサルをするんです。

この話は、経営者に向けての講演でもしますが、税理士会で講演をする際もしています。税務調査の事前通知があったら、税理士の側から納税者に対して、リハーサルをすることを見込んで、臨場調査の日をいつにするか決めましょう、とお伝えしています。

もし、税理士からリハーサルの提案がなかったら、納税者の方から、言ってみましょう。

それまで、納税者の方から、税理士事務所に足を運んでいたのであれば、なおのことです。税務調査は自社の経営を顧問税理士によりよく知ってもらうよい機会だと思えばいいのです。

「税務調査のリハーサル？　そんなことして何の意味がありますのん？　税務署なんか、来たら来た時ですがな。私に任せときなはれ！」

なんて言う税理士だったら、今後の付き合い方を考え直したほうがいいかもしれません。

税務調査の日程の変更については、国税庁ＨＰ【税務調査手続きに関するＦＡＱ（一般納税者向け）】に書かれています。

ただし、不正を働いていた得意先と口裏を合わせるために日程を遅らせるのはＮＧです。**調査官が電話で言ってきた日にちが絶対ではありません。**

通常は、調査官は調査の日程について、先の例のように、いくつか候補をあげてきます。調査官はずるいことをするのを一番嫌うので、お気をつけください。

税務調査は、商売の妨害をすることが目的ではありませんから、そんな場合は、調査の日程を変更してもらうようにお願いをしても構いません。経営者は、そのいずれかの日程に合わせないといけないと思いがちなのですが、すでに大切な商談が入っているかもしれません。

真面目な経営者の方ほど、そのように考えるのですが、国税庁のホームページには、「そんなことをしたら、調査官に悪い印象を与えてしまうんじゃないでしょうか」

「事前通知」で指定してきた日に必ず調査を受けなければならないとは書いていません。

「日程を先に延ばした」という理由だけで調査の展開が変わるものではありません。大切なのは、正当な理由があって調査の日程を先に延ばしてほしい場合は、きちんとその理由を説明すること、誠意を持って対応することです。

事前通知なしでも税務署はやって来る

税務調査は「事前通知なし」で行われることもあります。

「あっ、それって『マルサ』のことですよね」

こう思われた方は相当な「通」です。

「マルサ」は、映画やドラマでもおなじみの国税局の査察部門のことです。マルサが行う調査は捜査令状を持っての強制調査ですから、当然「事前通知なし」なのですが、税務署（国税局の管轄下にあります）の調査でも、「事前通知なし」という場合があります。この「マルサ」については、あとで詳述しましょう。

税務署が行う調査は大きく分けると「**一般調査**」と「**特別調査**」があり、一般調査では調査官が一人ないし二人で調査に出向くことが多いのですが、特別調査の場合は規模の大きい事案を手掛けるので「組調査」と言って複数名で調査にあたります。

特別調査の担当者は、「トクチョウ」担当と呼ばれています。毎年、定期異動で各税務署のトクチョウ担当に配属されると、その人たちは国税局に集められます。

そして、国税局幹部から、こう激励されます。

「君たちは各署の調査担当者の代表です。花形として頑張るように！」

また、国税局には資料調査という係があります。略して「リョウチョウ」。資料調査の、「料」と「調」の文字を使ってそう呼んでいます。

署のトクチョウでは調べられないような多額の増差所得が見込める事案についてはリョウチョウが調査をするという構図になっており、こちらもほとんどの場合、「事前通知なし」で調査を行います。

税務調査の事前通知の有無については長年議論をされてきたのですが、平成二五年一月から税務調査の手続きを定めた国税通則法の規定が施行され、場合によっては事前通知なしで税務調査が行われることもあるということが明文化されました。

つまり、多店舗展開している企業や現金商売をしているところには、リョウチョウやトクチョウが事前通知なしで調査に来る可能性があるのです。

「なんだか最近、見慣れないお客がちょこちょこ来てるなあ」と思ったら、それは調査官が内偵調査をしているのかもしれません。

トクチョウやリョウチョウが調査に着手する場合、事業所、店舗、工場、自宅、特殊関係人（いわゆる愛人）の自宅など、一斉に同時刻に調査に入ります。

リョウチョウやトクチョウの調査はあくまで「任意」

本書の読者の皆さんは、事前通知もなしに調査官がやって来るような事態に遭遇することはほとんどないと思いますが、ここでは手順をご説明するため、調査対象となった場合どう対応するのがいいかを紹介いたします。

事前通知なしで突然調査官がやって来た際には、次の五つの点を実行するのが適切な応対ということになります。

①訪れた調査官にIDカード（身分証明書）を見せてもらう
②国税局のリョウチョウなのか、税務署のトクチョウなのか、あるいは税務署の一般調査担当者なのかを確認する
③主担（チーフと呼ばれている調査官）は誰なのか確認する
④すぐに経営者に電話をし、調査官が来たことを知らせる
⑤経営者は「調査には協力する」と言っているので経営者が到着するまで外で待っていてほしいと主担の調査官に言う

突然の事態で、いきなりこのように応対できる人は、ほとんどいないでしょうが、いずれにしろ調査官がどういう印象を抱くのかは、その後の調査に大きな影響を与えます。

黒っぽいスーツ姿の目つきの鋭い集団が、急にオフィスや自宅に訪ねて来るのです。誰でもびっくりするでしょう。でも非協力的な態度を見せると、調査官に悪い印象を与えることになります。
①、②、③のように身元を確認されたからといって調査官は特に何とも思いませんし、④のように経営者にすぐに連絡をするのも当たり前でしょう。

では応対する社員から、⑤のように、「社長に連絡したら『調査に協力する』と言っておりました。業務の内容などについては社長が到着してから、社長よりお話しさせていただきますので、それまで外で待っていてください」と言われるのはどうでしょう。「外で待ってもらうようになんて、調査官を邪険に扱っているじゃないか。調査が不利な展開になったりするのではないかしら」と思われるかもしれません。

マルサと違って、リョウチョウやトクチョウが行う税務調査は「任意調査」です。この「任意」とは、刑事ドラマでよく耳にする「ちょっと任意同行願えませんか」というあれです。調査対象者である経営者が了承しない限り、調査を進めることはできないのです。

社員の何気ない一言がきっかけになる

オフィスの中に入れてもらえなかったとしても、経営者が到着するまでの間に、調査官が社員に話しかけることもあります。

たとえば、調査官が若い女性社員にこう話しかけます。

「あなたは、いつ頃からこの会社にお勤めなんですか？」

「私は今年入社したばかりなので、何もわかりません」

一般の方が読んでも、おそらく何の情報性も感じられないでしょう。ところが調査官は違います。社員にとっては何気ない会話でも、**調査官はこの短い会話の中から調査の端緒《タンチョ》を導き出せないだろうかと考えています。**

（申告書では、この会社の売上は毎年横ばいになっていた。それなのに、今年、新卒と思しき新入社員を雇い入れている。どういうことなのだろう？）という具合です。


経営者のことをあまりよく思っていない社員がいた場合、ちょっとした会話の中でもそのことがわかります。

「社長さんは毎日何時頃出勤されてるんですか？」

「出勤したりしなかったりいろいろですよ。先週も海外に遊びに行ってたみたいだし、私たちは毎日一生懸命働いているのに、社長は気楽でいいですよね」

「事前通知なし」の調査では、経営者よりも先に社員が調査官と接することになる可能性が高くなります。社員の何気ない一言から、調査で「痛くない腹」を探られることにもなりかねない、というわけです。

会社側として、事前通知なしに調査に来ても、適切な対応ができるようにしておくことも必要でしょう。

日頃から社員とのコミュニケーションを大切にしている会社、社員を大切にしている会社、社長が自らをきちんと律している会社では、突然に調査官が訪れても社員の一言で経営者が悪印象を抱かれるリスクが低くなると言えるでしょう。

調査官を燃えさせる三つの言葉

税務調査は、ほとんどの場合、招かれざる客ですから、やり取りの過程で調査を受ける経営者も感情的になることがあります。

「そんな何年も前の話、覚えてるわけないだろ！」

「全部顧問税理士と経理担当者に任せてるんだ！」

「勝手に調べてくれ！」

私が調査官時代、調査先で経営者から言われてムッとした言葉を集約すると、この三つになりました。これらの言葉を聞くと、調査官魂に火がついたものです。

税務調査の進め方は調査官によってそれぞれ違うと思います。税務調査に出たての何回かは、上司についていって、どんなふうに話をするのかを見て勉強しました。しばらくして一人で税務調査に行くようになったのですが、男性の上司と同じようにやっても、年端もいかぬ女性だし、なかなかうまくいきませんでした。

私は初級国家公務員税務職の高卒女子一期として採用されました。当時、税務署で働く女性職員の割合は一〇パーセント以下で、私が配属された署には女性の先輩調査官がいなかったのです。

「どうすれば自分のスタイルで税務調査を行うことができるのだろうか」

試行錯誤の上、経営者自身にいろいろ質問し、話をうかがう中で矛盾を見出して、その部分を追及していくという方法に至りました。

調査官は誰もが、高飛車な態度で調査を進めると思っている方が多いかもしれませんが、そうではありません。

税務署は国の行政機関の一つであり、国民の意見を直接聞くことも大切な仕事です。

私はいつも経営者のお話は、時間をかけて、よく聴くように心がけていました。

「事前通知」をして税務調査を行う場合、経営者は総勘定元帳や領収書や請求書を用意しています。私はそれらの書類を横目に見ながら、午前中はその経営者が現在に至るまでの経緯を話してもらうようにしました。

中学を卒業して、集団就職し、手に職をつけて独立された方もいました。中には、つらかった過去を思い出して泣かれる方もいらっしゃいました。

その方の人生のストーリーを聞かせていただくことで、現在の事業を始めるに至った動機や理由がわかります。どの経営者も昔話はよどみなく話します。

私が二六年間も飽きずに税務調査の仕事を続けられたのは、経営者の物語を聞かせていただけることが何より興味深かったからなのだろうと今になって思います。

もちろん、行政に対する不満を話されることも多くあります。

「俺たちのような小さい会社のことに構っているヒマがあるなら、もっと大きな不正を追及しろ」

「だいたい税金の使い方が気にいらない。それなのに、庶民から金をむしり取ることばかり考えやがって」

こういう場合、私は仕事として調査をしているだけなので、「行政にご不満があるなら、ぜひ政治家になって変えてください」とお答えしていましたが、いずれにしろ、本題に入る前の経営者の口調は実になめらかです。このなめらかな口調がこの経営者の普通のしゃべり方なのだとインプットしておきます。

立会をしている顧問税理士が調査慣れしている場合、いつ本題に入るのだろうかとちょっと退屈そうな様子を見せたりするのですが、それは気にせず経営者の話をひたすら聞かせていただきます。これが私の税務調査の流儀でした。

「覚えてるわけないだろ！」でガサに

午後になると、いよいよ用意された書類に目を通しはじめます。

「この請求書はどんな取引だったでしょうか」

質問は、税理士ではなく、あくまで調査対象者である経営者に向けられます。

「え〜っと、これは確か……」

思い出そうとするのですが、なかなか思い出せない様子。私はその答えを待たずに、「では、こちらの領収書はなんのための支払いだったんですか」

質問はあちこち飛びます。経営者は即答できないことが続くとイライラしてくるのがわかります。

「もう一回お尋ねしますけど、この請求書ってどんな取引だったんですかねぇ」

調査官である私は、たいてい答えられないであろうことについて質問を投げかけているのです。

「そんな何年も前の話、覚えてるわけないやろ！」

私の質問に答えられなくなった経営者は思わずそう口にしてしまうことがあります。

午前中なめらかな口調で話していたのとは明らかにトーンが変わっています。

調査を進める中で不正につながる事実をつかみかけたとき、その都度、確認をします。**行政に対する不満を勢いよく話されていたときのトーンと、まだすべてを語らず隠している部分がある場合の口調は必ず違うのです。**

事実関係を詳しく聞き、矛盾を解明していけば、言葉を荒らげなくても、調査は進みます。

「そうですか。では、請求書の前の段階である見積書やメモを見たら、どんな内容だったのかわかるかもしれませんね。もしかすると、この部屋の中に思い出すきっかけになるものがあるかもしれないので一緒に探しましょう」

請求書などの書類を作成するに至るまでの書類のことを「原始記録」と言います。私は、経営者が覚えていないと言われるので、その手がかりである原始記録を探すために「現況調査」を始めることになるのです。

現況調査は「ガサ」と言われることもあります。ガサガサとオフィスや家の中を探しまわることです。現況調査をすると何年か前に辞めてしまった社員の認印《みとめいん》やかつて取引のあった会社の名刺など、帳面にはあがっていないものがどんどん出てきます。「何年も前のことを覚えているわけがない」と言われたので、現況調査をするしかなくなるわけです。

「前の調査では通っていた……」は「おまけ」でした

税務調査の際に、調査官に言ってはいけない言葉は、「調査官を燃えさせる言葉」として紹介しました。

実は、もう一つ、つい、言ってしまいがちだけど、税務調査では決して言ってはいけない言葉があります。

それは、

「前の調査では通っていたのに……」

です。

こう言いたくなる気持ちはわかります。きっと、前の調査の際に、その項目については、追加の税金を計算する元の数字になっていなかったのでしょう。

でも、実は通っていたわけではないのです。「おまけ」してもらっていたのです。

税務調査の際、調査官は、いくつか調査金額を算定します。

グレーも真っ黒と判断した第一案。

グレーもちょっとは認めてあげようという第二案。

今後は心を入れ替え、同じ間違いをしないように、顧問の税理士がしっかり指導することを約束して、グレーの部分はシロとみなして、計算する第三案……。

こんな感じでしょうか。

「えっ、そんなことがあるんですか？」そう思われるかもしれません。

はい、あります。

税務調査の目的は、適正・公平な課税の実現です。悪質な脱税は見逃すわけにはいきません。

税務調査は本来、「行政」なので、過去の過ちを見つけ厳しく罰することが目的ではないのです。今後、適正に申告することを約束するのであれば「おまけ」もありなんです。

調査を受けた際、経営者の側は、どこが間違っていたかよりも、いくら追加の税金を払ったのかが印象に残ります。「おまけ」してもらったことなんて、すっかり忘れてしまいます。

ですから、この点については、顧問税理士が注意しないといけません。

次の税務調査の際に、

「前の調査では通ってたのに……」

と言わせないのはもちろんなのですが、それよりも、前回と同じ間違いをしないように、普段からしっかりと指導できる関係性を作っておくことがもっとも大切です。

「いい人」と思われて損はしない

調査官は現金の入出金は念入りにチェックします。**ラウンド数字（たとえば、五〇万円、一〇〇万円など端数のない金額）の入金を見つけたら質問するのは鉄則です。**

「この入金はなんなんでしょうねぇ」

こう質問すると、経営者はしばらく考えてから、

「わしは知らん。全部顧問税理士と経理担当者に任せてるんだ！」

と言うことがあります。

そんな答えが返ってきた場合、調査官としては、（この経営者は税務や会計などに無関心なんだな。とすれば、役員や社員の勝手な判断が不正につながっているかもしれな

いぞ）と感じ、さらに細かく調査する必要があると考えます。

「これは何でしたっけ？　あれはどうなってると言われましたっけ？」

調査官は一度聞いたことも何度も聞くことがあります。また、経営者が本当に覚えていないことも出てきます。いろいろあれこれ言われると経営者は思い余って、

「**勝手に調べてくれ！**」

と言ってしまうことがあります。

そうすると、調査官だった私は、机の下で小さくガッツポーズをしたものでした。「勝手に調べて！」と経営者のほうから言ったのです。気になることは遠隔地の金融機関でも、遠くの取引先でも、何カ月かかっても気の済むまで調べられると解釈していました。

調査官はわざとやったのか、知らずにそうなってしまったのかを見きわめ、加算税（罰金）の重さを決める際の一つの判断材料とします。自分は「調べられる側」なのだということを自覚し、質問に丁寧に答えるのが賢明でしょう。

「どうして調査官って、あんなふうに人を疑いの目で見るのでしょう」

税務調査を受けた経験のある経営者の方からそういうお話をよく聞きます。

今だから白状しますが、私は調査官時代、

「商売人はみんな悪者だ！」

と思って仕事をしていました。申し訳ありません……。


今では、この考えは間違いだったとわかります。ですが、当時は、そうとでも思わなければ、普通の神経では、命の次に大切な人さまのお金のことをあれこれ調べるなんてことはやっていられなかったわけです。

仕事柄、仕方のないことではありますが、調査官には結構なストレスが溜まっています。税務調査を受ける経営者の方に気持ちの余裕があって、

「あなたたちも大変ですねぇ」

とねぎらいの言葉をかけてもらうこともありました。すると、

（あっ、この経営者はいい人なのかも……）

と思うこともありました。

調査官もやはり人の子です。ねぎらいの言葉をかけてもらうと、その経営者の良心に触れたような気持ちになり、この案件に関してはとことん調べる必要はないだろうと思ったりするのです。

「えっ、パソコンの中も見るんですか」

実際に、調査では、何をどこまで調べられるのかが気になる方もいるようです。

「税務署ってパソコンの中も見るんですか」

この質問もよく受けます。

答えは「Yes」です。

「えっ、パソコンって個人情報も入っているのに、税務署はそこまで調べる権限があるんですか？」

そんな声が聞こえてきそうです。では、こう考えてください。

会社のパソコンは必ず経費で購入しています。それは業務に使うからです。

調査官は質問検査権のもとに税務調査を行います。質問検査権については国税通則法

第七十四条の二から第七十四条の六にうたわれています。

調査官がそのパソコンの中を見るかどうかは、プライベートかどうかという部分ではなく、調査に必要があると判断すれば検査することができるというわけです。

オフィスなのか自宅なのかにかかわらず、担当する調査官がその場を調査の場所に選んだということは調査に必要があると判断したからでしょう。

税務調査の際、調査官からパソコンの中を見たいと言われたら、まずは調査に協力する姿勢を見せることをお勧めします。

税務調査とは、出来上がった帳面や数字の確認を行うものだと思っている方が多いようなのですが、数字を見るのは不正を発見して追加の税金を計算する段階に入ってからだと言えるでしょう。

調査官はまず、税務署に提出されている申告書の数字からその企業の実態を復元させます。次にＫＳＫ（先述しました）で収集された資料と申告内容が合致しているかをチェックします。

そこで、「どうも申告内容と実態に差があるようだ」となれば調査対象にあがるのです。わざわざ**現場に行って調査を行うのは、申告の根拠となった事業の実態を確認するため**なのです。

オフィスや自宅に出向く調査のことを「実地調査」や「臨場調査」と呼ぶのですが、その場合、**調査官の目に留まったものはすべて調査の対象**になりえます。

パソコンも手帳も見せないと、どうなるのか

パソコンに限らず、手帳を見せてもらうこともよくありました。

「えっ、手帳なんてパソコンよりももっとプライベートなことが書いてあるじゃないですか！」と今度はお怒りの声が聞こえてきそうです。

ご安心ください。調査官はいきなり手帳を見るわけではありません。

調査官が質問をしても明確な回答が得られず、総勘定元帳を見ても、請求書を見ても、その取引の背景が明らかにならない場合、

「じゃあ、手帳になら毎日のことが記録されていると思うので見せていただけませんか」

という流れで手帳を見せてもらうことになるのです。それでも、

「手帳は仕事には関係ないので見られたくありません」

と経営者が言ったとしましょう。

その場合、調査官の立場からは、

「調査に関係あるのかないのかを確認することも含めて税務調査です。やましいことがないのなら、なおのこと見せていただけませんか？」

と切り返すことが多いと思います。

それでも、「どうしてもイヤだ」と主張されれば、かたくなに拒否するものを無理強いするのにも限界があるので、調査官はその日はいったんあきらめて帰るでしょう。


しかし、調査官は自分一人の判断で税務調査を行っているのではありません。調査に行ったら毎日必ず復命といって上司に報告をし、その後の指示を仰ぎます。その日の調査官は、上司にこう報告することになります。

「パソコンの中も手帳も、『仕事に関係のあるものはない』と言われて、見せてもらえませんでした」

すると、上司はこう答えることになるでしょう。

「仕方ないなあ。じゃあ、銀行調査と反面調査に切り替えるとしよう」

銀行調査というのは、単にお金の出入りを確認するだけではありません。入金伝票の筆跡から怪しい入金を発見し、借名預金を見つけたり、手形の裏書きから表に出ていなかった取引先を把握したりすることができます。

反面調査というのは売上先や仕入先、外注先などに出向き、現在調査中の会社とどんな取引があったのか事実関係を確認することを言います。

お互いが通謀《つうぼう》して不正を働いている場合もあるのですが、何も不正なことをしていなくても反面調査に行く場合があります。すると、

「あの会社は反面調査されるような悪いことをしているのだろうか。そうだとしたらこれからは、あまり付き合わないほうがいいのかもしれない……」

反面調査に来られた得意先からはそう思われてしまうかもしれません。

「それを事前に知っていたら、パソコンだって手帳だって見せたろうに……」

この流れをご覧になって、そう思われた方もいらっしゃるのではないでしょうか。

調査官に言ってはいけない言葉は、やってはいけないこと

ここまで読んで来られて、

「実際に調査官がやって来た時のことを書いてるけど、自分のところには税務調査なんて入られそうにない」

そんなふうに思われた方、いらっしゃるかと思います。

初版の『税務署は見ている。』は、経営者の皆さんのご要望にお応えして、一般の方があまりご存じではない税務調査についてわかりやすくお伝えしたいという思いで書きました。

本を出版したことがきっかけで、税務調査について全国でお話をさせていただくようにもなりました。

当初は、「税務調査の対応策」とか、「税務調査の勘所」というようなテーマが多かったと記憶しています。

初版が刊行された頃、ある納税協会の会長さんに

「経営者である会員の皆さんの役に立つお話をすることができると思います」

とご挨拶をさせていただいたのですが、

「例会で話をしてくれる人を探してはいるけど、『税務署は見ている。』なんてタイトルの本を出してる人を講師に呼んだら、税務署の幹部が嫌がるやろから、あかんやろなあ……」

と言われてしまったことがあります。

その会長さんは拙著を読まれてなかったんだろうと思います。

いろんな地域でお話をさせていただく中、私の話し方も少しずつ変わってきました。

さらには自分自身が皆さんに話している内容が、単なる税務調査を受けた際の対処法ではないんだなと認識できるようになりました。

それはどういうことでしょうか。

先ほど、「調査官を燃えさえる三つの言葉」について書きましたが、その三つのうちの二つ、

「そんな何年も前の話、覚えてるわけないだろ！」

「全部顧問税理士と経理担当者に任せてるんだ！」

について、少し考えてみてください。
これは税務調査の際に言ってはいけない言葉という以前に、日々の業務の中であってはならないことなんです。

税務調査に入られるより困るのは、従業員が不正を働くことです。そのことを未然に防ぐには、それぞれの**取引の内容については、いつでも取り出して確認できるようにしておく**ことが大切です。

税務に関して、**顧問税理士や経理担当に任せっきりにするのではなく、常に経理の状態をチェックできる仕組みを作っておく**ことも大切です。

この二つの言葉を言わないで済むようにすることは、税務調査だけでなく、ご自身が経営をするために必要不可欠なことなのだと理解していただければ、本書のねらいがご理解いただけると思います。

よくわかる業界用語入門、あるいは隠語入門

「お帰り。どんな社長だった？　端緒は見つかったか？」

午後四時三〇分、臨場調査から帰ってきた調査官は、島ごとで統官に対して復命を始めます。

「納税者本人は税務の知識があまりなく、過年分の原始記録の保存が不十分だったので、現況調査を行ったところ、二種類の領収書控えが出てきました。請求書控えと売上帳およびBKの入出金を念査したところ一部売上計上漏れがありました。それから、進行年分はまったく記帳されていませんでした」

「そうか。先生は何か言っていたか？」

「年一なんで、特に何も言ってませんでした」

「よし、じゃあ、今度は溜まりを調べてくれ。ご苦労さん」


このやり取り、いったい何を話しているのか、まったく理解不能という方もいらっしゃるのではないでしょうか。

本書のこれまでの記述でも理解不能の部分があったかもしれません。それは隠語や専門用語が多いからです。この会話で一般の方が使わないと思われる言葉について注釈を入れてみました。

ちなみに、私は大阪国税局管内の税務署でしか、仕事をしたことはありませんが、全国でもそう大きくは違わないと思います。また税務調査の仕事を離れてから時間が経っていますが、これも大きくは変わっていないと思います。

では、一つひとつご説明しましょう。

端緒（タンチョ） ――『広辞苑』には、「タンショの慣用読み。たんしょ【端緒】事のはじまり。いとぐち。手がかり」と書いてあります。国税の世界ではなぜか、「タンショ」とは言わずに「タンチョ」と言っています。調査官は毎日この「タンチョ」を必死に探していると言っても過言ではないと思います。

臨場調査（リンジョウチョウサ） ――実地にオフィスや自宅などに調査に行くことを臨場調査と言います。「臨場」という言葉は一般には「臨場感がある」というような使われ方をすると思うのですが、臨場調査はまさに緊張感満載で、臨場感があると言えます。

島（シマ）——税務署では部門ごとで仕事をします。毎年七月の定期異動で配属になったら、それから一年間はその部門、すなわち島が一つの単位になって調査にあたることになります。

統官（トーカン）——正式には統括官（トウカツカン）なのですが、ちょっと舌を噛《か》みそうな感じなので、多くの場合、短くして「トーカン」と呼びます。でも、職場の仲間で飲みに行ったときには、「トーカン」という言葉を使うと先輩に叱られます。なぜなら、税務署の人間だということがバレてしまうからです。税務署から一歩外に出ると「トーカン」とは呼ばず、「課長《かちょう》」と呼びます。その切り替え具合は絶妙です。

過年分（カネンブン）——すでに申告が終わっている年分のことを「カネンブン」と言います。

原始記録（ゲンシキロク）——請求書や領収書など記帳に至るまでの間のすべての記録を「ゲンシキロク」と言います。見積書や指図書、電話を受けたときのメモなども重要な「ゲンシキロク」です。特に、そのときに経営者自身が手で書いたものは自分を助けることになったり、自分を陥れることになったり……。税務調査の際、調査官は「ゲンシキロク」を血眼になって探します。

現況調査（ゲンキョウチョウサ）——臨場調査の際、現場を確認するために行う調査のことを「ゲンキョウチョウサ」と言います。料調《りょうちょう》の応援で「ゲンキョウチョウサ」をするような場合は複数名で行っているので平気なのですが、一人で臨場調査に行った場合は、家の奥まで入っていくタイミングが難しく、「今日は『ゲンキョウチョウサ』をするぞ！」と意気込んでいても、できなかったということもありました。

BK（ビーケー）——銀行のことを「ビーケー」と言います。IT化に伴い預金の復元などはお願いすれば集中センターのようなところでやってくれるようになりました。BK調査としてバックヤードに入り、伝票を繰って横目で調査対象者以外の不審な入出金を発見することは少なくなっているんだろうと思います。

念査（ネンサ）——帳簿と請求書や領収書と見比べ、合っているかどうかを調べることを「ネンサ」と言います。一枚の領収書から不正を発見することもあるので、この言葉はピッタリだと思います。

進行年分（シンコウネンブン）——先ほど説明した「カネンブン」に対して、まだ申告の終わっていない、現在、事業活動を行っている年分のことを「シンコウネンブン」と言います。これを読まれて、「えっ、税務調査ってすでに申告している内容について適正かどうかをチェックしにくるものではないの？」と思われた方もいらっしゃるかと思います。これについては、平成二四年九月一二日「国税通則法第七章の二（国税の調査）等関係通達の制定について（法令解釈通達）」で、進行年分も調査の権限が及ぶことが明文化されました。

先生（センセイ）――プロローグでも触れましたが、税務署では税理士を「センセイ」と呼びます。「センセイ」は税務調査の立会をしたり、調査額の算出をして修正申告書の作成をしたりします。税務署と経営者の間に入って、適正・公平な課税を実現させるのが仕事です。

年一（ネンイチ）――税理士は毎月の顧問料をもらって関与する場合と、申告書の作成だけをする場合があります。申告書の作成だけを依頼されている税理士の場合、年に一回だけの仕事になるので「ネンイチ」と呼んでいます。「ネンイチ」のところに税務調査に入った場合、税理士もそんなに気合いが入っていないのはわかります。

溜まり（タマリ）——税務調査の時点でのお金の有高《ありだか》を「タマリ」と呼びます。暦年赤字の申告なのに預貯金残高が増加しているとしたら、申告額として計上せずに溜まっている場合があるので要チェックとなります。

そもそもここでは、

「進行年分を調べることもあるので、毎日きちんと帳面をつけることは大切だ」

ということを言いたくて、復命のシーンを会話調で挿入したのですが、そこで使われている用語を解説するだけで、これだけの行数を使ってしまいました。

他にも、税務署員は、一歩署の外に出ると、自らの職場のことを「会社」とか、「うちの会社」と呼びます。もちろん、署内の規則などで明文化されているわけではないのですが、飲み会などで「うちの税務署では」と大きな声で話すと、「会社と言え」と、たしなめられる文化があります。

これは公務員業界では、割と一般的なことだと聞いています。やはり、その仕事の特殊性から、自分たちの身分を明らかにしない、という心理が強く働いているのでしょう。改めて税務署ってつくづく特殊な業界だと思います。

調査官は帳面ではなく、人柄を見ている

税務調査の際、担当の調査官がいきなり帳面を見ようとしたら、その調査官はたいしたことのない調査官だと思っていいでしょう。

「帳面は逃げへんのや。どんな納税者かを調べに行くのが調査や！」

最初に調査に連れていってくれた統官の名ゼリフです。

時系列で納税者の人生ストーリーを聴かせていただく中で、その人柄が見えてきます。その一枚の領収書には必ず、それにまつわる物語が隠されています。

調査官はその一枚の領収書を手にしたときに、その日、その場所でどんな人がどんな人とどんな会話をし、その結果この金額のお金のやり取りがあったのだなということを再現させます。

再現したシーンを納税者が語ってくれなければ、そこで矛盾が生まれ、嘘はバレてしまうでしょう。

帳面からだけでは理解できない、察知できない真実を追求するのが調査官の仕事なのです。

私は、「マルサの女」のモデルになった齊藤和子さんという国税ＯＢの税理士のお話をうかがったことがあります。齊藤さんはその経営者が不正を働いているかどうかは目を見ればわかると言われていました。私もそうだと思います。

「目は口ほどにものを言う」

昔からよく言われる諺《ことわざ》がありますが、調査官の質問が核心に触れたとき、相手の目は一瞬動きます。その視線の先に不正の実態が隠されていることはよくあります。

私は、税務調査はその経営者の人柄を調べに行くのだと思っていました。経営者の話をよく聴くことで本質を見抜くことができ、結果、調査を早く終わらせることができていたのだと思います。

調査官にとって、税務調査を効率よくこなすポイントは、事案によってメリハリをつけることです。調査官は調査事案を何件か掛け持ちしています。

一件あたりの調査日数はある程度決められているのですが、まずは、一回目の臨場調査が終わった時点で今後の展開を考えます。

「この経営者は税務の知識はあまりないけれど、こちらが質問したことには誠意を持って答えてくれている。もしかしたら、これ以上調べても何も出てこないかもしれないな」と思ったとしましょう。

そのとき同時進行している別の事案にもう少し時間をかけたいと思っていた場合、一回目の臨場であまり大きな不正が見込めないと思った事案は、とことん調べることをせず、より大きな不正が想定される事案に時間を費やすように調整するのです。

税務署とけんかをすることが自分の仕事のように思っている税理士は、このあたりの税務署の事情をご存じないのでしょう。

私が税務調査には誠意を持って対応することをお勧めするのは、そういう理由もあるのです。

第3章

税務署はやっぱり見ている。

調査官はランチ中も見ている

ランチタイムも調査のネタを考える人々

突然ですが、皆さんは毎日お昼ご飯をどこで何を食べていますか。

調査官にとって最重要の仕事は、もちろん、今手がけている事案の展開を考えることです。

しかし同時に、どんなときでも、新たな案件になるかもしれない資料のネタ集めもしなければならないと、潜在意識にインプットされています。ですから、ランチタイムも気を抜くことができません。

最近、テレビではB級グルメを紹介する番組が多くなり、新しくできた店や人気の店が数多く紹介されています。

調査官は、こうした番組を見ていても、紹介された店が自分の勤務する税務署の管内だとわかれば、すぐに「ランチ」に出かけます。もちろん、「何かネタはないか」と考えてのことです。

では、なぜランチなのか——。

飲食店の「内偵調査」を夜にしようと思うと目立ってしまうからです。前にも書きましたがこっそり調査したつもりでいても、いざ臨場すると、お店の人から、

「この前、四人で来られてましたよね」

と言われたりするのです。

その点、ランチタイムであれば、男性であろうが、女性であろうが、一人でふらっと店に入って、携帯電話をいじりながら食べてもまったく怪しまれることがありません。

ちなみに、この携帯電話、私の場合は、写真を撮ったり、メモ代わりに使ったりと、なくてはならないものでした。

人によって流儀が違うかもしれませんが、**調査官が店に入れば、たいていの場合、座る場所は決まっています**。お金の出し入れが観察できる場所、つまりレジが見える席です。

ただし、レジが出入り口付近にあって、客席からは見えないような構造になっている場合は、仕方がないので、できるだけ全体が見渡せる席から、店内の様子を観察します。レジの打ち方などは、お金を払うときにチェックするのです。

レジについては、まわりに何を置いているのか、できれば遠目でもいいので確認しておきます。釣銭を置いている場所、通帳を入れて持って歩いているであろうポーチ。毎日の「真実の」売上が書いてあると思しき大学ノート……。レジのまわりには、調査の際に「端緒」となるものがたくさんあるのです。

たまにレジのない店もありますが、こういう店については、「レジがない」という事実だけでも資料のネタになります。

携帯電話がない時代は、内偵調査に行って知りえた情報をメモするのも一苦労でした。今は街中であろうがレストランであろうが写真を撮ってもなんら怪しまれることはありません。

飲食店経営の皆様、「お一人様」が必死に撮影してメモもしていたとしたら、それはグルメ雑誌の記者ではなく調査官かもしれません。後日、テレビの取材ではなく招かざる客が来ることになるかもしれないので、ぬか喜びは厳禁と言えるでしょう。

オーナーだけがレジを打つ店が抱えるリスク

店の運営方法からも、いろいろなヒントが得られます。

たとえば、フロアーはアルバイトが担当し、オーナーと思しき人物一人しかレジに触っていないような場合、「現金管理のチェックは甘い」と推察します。

飲食店については、「現金売上の管理の方法」を確認することが税務調査での一番のポイントになります。オーナーしかレジを打っていない場合、売上のダブルチェックができてないことが予想されます。

売上のダブルチェックとは、お店を閉めたとき、現金の有高とレジの記録の合計が合っているのか、伝票の内容がすべてレジに打ち込まれているのかなどを二人以上の目で確認しチェックすることです。

一日中同じ人がレジを打っていると、お金の管理が甘くなるのは当然です。売上を故意に除外するつもりがなくても、計上漏れにつながる可能性は高くなります。

皆さんが飲食店の経営者となって、レジを打っている場面を想像してみてください。

あなたがレジにいると、近所の本屋さんがいつも店に置いておく雑誌を配達してくれました。さて、その支払いはどこからするでしょうか。まず自分のポケットから出さず、レジから支払いをするでしょう。

この場合、その日の売上金額を、店を閉めてから数えた現金の有高にしていると、本屋さんに支払った代金分は売上を少なく計上したことになってしまいます。売上は、現金有高からではなく、レジペーパーに記載された合計金額で計上すると、計上漏れを少なくすることができるのです。

私が調査官だったときは、店に入った時刻を携帯電話に記録し、注文をしたら、料理が出てくるまでの間にトイレに行っていました。

トイレに行く際は、店の中をよく見まわして、テーブルと椅子がいくつあるのかを数え、その数字を覚えておきます。満席になったら何人座れるのかを計算し、これも携帯にメモしておきます。

フロアー担当は何人なのか、奥の厨房《ちゅうぼう》には何人くらいスタッフがいるのかも、できれば確認しておきます。申告している売上に対して、スタッフが多いと感じたときは売上脱漏《だつろう》が予想されます。

トイレから戻ったらメニューをじっくり見て、どのメニューが売れ筋なのかをチェックします。料理が運ばれてくるまでの間、怪しまれなさそうであれば、メニューを携帯のカメラで撮ることもあるかもしれません。

ランチ価格が一律で、釣銭を積んでいる店は危ない？

フロアー担当が料理を運んできて、テーブルに伝票を置いて去っていったら、今度は伝票に注目します。

その日の日付がきちんと書かれているか、時間が入っているか、一連番号がついているか、注文したものの金額が記入されているかなどをチェックします。

テーブル伝票は飲食店の調査の場合、最も重要な原始記録です。

税務調査に際しては、日付なし、一連番号なし、注文したものの金額の記載もないテーブル伝票を使っているとわかった場合、それは信ぴょう性が低いと判断されます。

実際の調査では、売上伝票などの原始記録の保存がない場合は、仕入金額を調べ、粗利益で割り戻し、売上金額を算出し、その金額をもって修正申告を慫慂《しょうよう》することもあるので、伝票を保存することと、伝票に詳細を記載することはとても重要なのです。

ちなみに慫慂というのは、調査対象者である経営者に修正申告書を提出するように税務署側が勧めることを言います。

運ばれた食事を口にしながらも、調査官はいろいろな計算をします。

トイレに行った際にチェックしたテーブルと椅子の数から、ちょっとした掛け算をします。

四人掛けテーブル席が五つ、二人掛けテーブル席が四つ、カウンター席が四つ、合計三二席。一人の滞在時間を平均三〇分とすると、ランチ営業は一一時三〇分~一三時で三回転。メニューから売れ筋の定食は八〇〇円なので、その店のランチ売上はマックスで七万六八〇〇円かな……。

このように、おおよその売上を推測するのです。

忙しいオフィス街では、ランチのメニューや価格を一律にして、レジを打たず、レジのまわりに釣銭を積んでいるようなお店を見かけることもあります。

調査官がこのような店を見つけると**「ぜひとも調査に行ってみたい！」**と思います。

このやり方をしていると、不正を働くつもりがないのに、売上が合わないことが多くなるからです。レジを使わず、きちんと管理をしていないというだけではなくて、ひょっとして、アルバイトが、ポケットに千円札を忍ばせたまま家に帰ってしまう、というようなことが起こるかもしれません。

一度成功したアルバイトが、味をしめて何日かに一回は売上金をくすねるようになったとしたら、その経営者は売上管理がずさんなだけでなく、窃盗犯を生み出すきっかけを作ってしまうことにもなりかねません。

飲食店に限らず、現金商売の場合は、売上管理は何より大切なのです。

調査官は日々、そんなことを考えながらランチタイムを過ごしています。

壁に耳あり、隣に調査官あり

そういえば、こんなこともありました。

ある日、臨場調査を終えて喫茶店でひと休みしていたときの話です。今日の調査をどんなふうに復命するか、頭の中を整理しながらコーヒーをすすっていると、隣のテーブルで中年男性二人が話している声が耳に届きました。

「いやあ〜、この前、税務署に入られて、根掘り葉掘り調べられて、ホンマにえらい目に遭いましたわ〜」

「へえ〜、そうでっかあ〜。ワシとこは今まで税務調査なんか一回も入られたことありまへんで」

どんな人なのだろうと様子を見ると、自慢をしている男性は作業服を着ていて、胸には社名が刺繍されていました。中身がほとんどなくなったコーヒーカップの傍らには、社名入りの封筒が置かれています。

またしても私は携帯にメモします。

その会社は私の署の管轄でした。羽振りがよさそうな話をしていた割には、売上は毎年横並び。可もなく不可もなくという申告内容。「長期未接触」という理由で毎年調査の選定対象にはあがっていたのですが、決め手がなくて実地調査には至っていなかったことが判明しました。

でも、あの自信満々な経営者の物言いから、「何かしてる……」と直感し、調査に着手しました。調査に行ってみると、案の定、売上を除外し、過少に申告していたのです。

従業員に聞かれて困ることは、外でも聞かれるとまずいもの。**実は、喫茶店は情報の宝庫なのです。**

税金にまつわる自慢話は、つい誰かに言いたくなる人が多いのですが、壁に耳あり障子に目ありとはよく言ったものです。一人で、ぽつねんと座っている客の近くでは税金の話をしないほうが身のためでしょう。なぜなら、その客は調査官かもしれないからです。

もちろん、人に聞かれて問題があるような行為をしないことが一番大事だということは言うまでもありません。

強力な権限を証明するのは

「お上《かみ》の言われることには逆らえませんもんねぇ……」

調査官時代、税務調査に行って面白いと思ったのは、若い経営者の方でも税務署を「お上」と呼ぶことでした。

「お上っていったい、いつの時代？」という感じですが、税金の歴史をさかのぼると、その原点は古代の租庸調《そようちょう》だったり、近くは年貢であったり、税金は、今もなお、お上が搾《しぼ》り取《と》るものという感覚が日本人のＤＮＡに引き継がれているということなのでしょうか。

もちろん納税という行為は、憲法にもうたわれているように、日本国民に課せられた義務です。そのため徴税については、かなり強力な権限が与えられています。だから、今日でも「お上」という言葉が口をついて出てくるのでしょう。

調査官は質問検査権という権限を与えられ、調査に行く際には、必ず質問検査証というものを携行しています。

そして、何かを調べることについて、それが調査に必要であるかどうかの判断は、現場の各担当調査官に委ねられています。

市役所で戸籍を調べたり、法務局で登記を調べたり、銀行で手形の裏書きを調べたり、証券会社などに出向いて保有資産を調べたり……。調査官はあらゆる機関に調査の協力を要請する権限を有しているわけです。

先にも書いたように、反面調査として、調査対象者の取引先に調べに行くこともあって、調査を進める中、その取引内容をもう少し詳しく確認する必要があると調査官が判断した場合、その取引の売上先や仕入先、外注の支払先に行って確認をします。

「うちの会社は、毎月税理士さんに見てもらっているし、経理の人間もちゃんとやってるから、税務調査なんて関係ありませんよ」

それは大変結構なことですが、自分の会社はきちんとしているつもりでも、取引先の反面調査のために、調査官がやって来る場合があることは、知っておいて損はありません。

もし、あなたのところに突然調査官がやって来たら、「質問検査証を見せていただけますか？」と言ってみてください。

調査官は、「おっ、この人は、なかなかしっかりしているな」と思うでしょう。すると、調査官もうかつなことは言えなくなるのです。

調査官が訪れるところ、どこでも常にアウェイです

ほとんどの調査官は、それぞれに使命感を持って仕事にあたっていると思います。でも、正直に申し上げれば、人さまのことをあれこれ調べるのは、あまり気持ちのいい仕事ではありません。少なくとも私はそう思っていました。本当は調べたくないという気持ちが根っこにあったからだと思います。

少しでも、「この経営者はいい人なのかもしれない」と思ってしまうと、調べる気持ちが萎《な》えてしまいます。

では、どうやって税務調査のモチベーションを保っていたのか。

「自分は課税の公平を実現させるために調査をしている」

私は毎日、そう自分に言い聞かせていました。

容易に想像できると思いますが、調査官は、常にアウェイです。

「税務署は警察よりも嫌いや！」

「しんどいときはなんにも助けてくれんと、ちょっと儲かったと思ったらすぐに来て、命の次に大事な金を持っていきよる。お前ら鬼じゃ！」

何度そのように言われたことでしょう。罵声《ばせい》を浴びながらも、調査官としての仕事を続けることができたのは、自分の中に「正義」を持っていたからだと思います。

誰かがやらなければいけない仕事

私が調査官になってそれほど年月が経っていない頃、とても厳しい調査をされる先輩に、同行したときのことでした。

「お前も親おるんやろ。こんな弱いもんいじめばっかりしてて楽しいんか」

先輩調査官はそんな罵声を浴びせられても、淡々と調査を進めていきます。

「因果な商売でしてねぇ」

そう言ったきり、黙々と、私が寝室の奥から見つけてきたB勘《ビーかん》（表勘定として公表している預金以外の預金、いわゆる隠し預金のことをB勘と呼んでいます）の借名預金の内容をメモされていました。

実は、そのとき、先輩はお父様が重篤な病を患っておられ、ご家族も大変な状況だったのです。ご自分のしんどい状況の話は一切されず、その日見つけた不正についてまとめ、調査先をあとにしました。

調査先からの帰り道、私は涙が止まらず、そのままでは署に帰れないような状態になってしまいました。すると先輩は見かねて、こう語りかけてくれました。

「ちょっとお茶でもして帰るか」

言葉を口にすることもできず、ひとしきり泣いて少し落ち着いた私は、先輩に聞きました。

「あんなふうに言われて、なんで黙ってるんですか。先輩だって家族が大変なのに」

すると、

(この子には税務調査は無理なのかもしれない)

と語りかけるような優しいまなざしを私に向けながら、

「勘定奉行は、いつの世も嫌われ者って知ってるか。でも、誰かがせんとあかん仕事なんや。俺らだって税金から給料をもらってるんやから、しっかり与えられた仕事はやらんとあかんってこっちゃ」

それ以降、私は調査先で、経営者から、そして税理士から、どんな罵声を浴びせられようと、涙を見せることなく仕事ができるようになりました。

企業のホームページは、税務署も見ている

ほとんどの企業が自社のホームページを持つようになってから、実際に調査に行く前にかなりの情報を収集できるようになりました。

会社が開いているホームページの多くには、事業内容や企業概要はもちろん、企業理念、経営者のメッセージ、社内の様子、社員の表情、経営者の顔写真などもアップされている場合があります。

企業のホームページを見ているのは、見込み客だけではありません。**税務署も常にホームページの内容をチェックしている**のです。

もちろん、そうしたチェックはいろいろとしているのですが、税務調査は調査官が直接訪ねて行います。

では、なぜアウェイであって、本心では行きたくないのに、調査官はわざわざ臨場して調査を行うのでしょうか。

税務調査は、準備調査で、ある程度、見込める不正を試算するのですが、あくまでそれは予想です。実際に行ってみないと本当に不正を働いているかどうかはわからないという場合がほとんどです。

実地に調査に行ったけれど、資料の入力が間違っていることがわかっただけで、その経営者はなんら不正を働いていなかったという事案もありました。そういう場合は、「申《しん》告是認《こくぜにん》」となります。

あとに詳述しますが、「税務調査に来られたら、お土産を用意して（軽い修正申告をして）、帰ってもらえ」という話がまことしやかに語られますが、これは都市伝説の類でしょう。

調査に来られたからといって、必ず追加の税金を納めなければならないということはないのです。

「税務署＝マルサ」ではない

先にも、マルサについて書きましたが、ここでもう少し詳しくご説明しましょう。

「税務署って『マルサの女』みたいなことされてたんですか？」

もう、何度同じことを聞かれたことでしょうか。厳密に言うと、税務署とマルサは目指す目的が違います。

「税務署で働いていたと言うと、必ず『マルサだったんですか？』と聞かれるんですけど、私はマルサにいたことはないんです。ずっと所轄の税務署で税務調査をしていたんですよ」

セミナーなどでの自己紹介でそう説明させていただいても、少し時間が経つと、また、「飯田さんは元マルサなんですよね……」

となってしまいます。やはり一般的には「税務署＝マルサ」と言ったほうが話が通じやすいようです。

『マルサの女』という映画の話が出たので、映画つながりで、ここでも少し『踊る大捜査線』のお話をしたいと思います。

「事件は会議室で起きてるんじゃない。現場で起きてるんだ！」

織田裕二さん扮する青島刑事のこのセリフ。かつてはよく耳にすることがありました。『踊る大捜査線』はとても面白い映画でした。事件を追うだけでなく、警察の抱えるさまざまな内部矛盾、特に警察組織の厳格なキャリア制度の問題、官僚主義の問題、縦割り行政の問題、民事不介入の問題なども取り入れられていました。

あの映画では、警視庁のことを「本店」、所轄の湾岸署のことを「支店」と呼んでいました。さらに刑事のことを「デカ」ではなく「捜査員」と呼んだり、加害者のことを「ホシ」ではなく「被疑者」と呼んでいました。

そのような呼び方をすることで、コメディタッチだけれど、ストーリーとしてはリアルな印象があり、多くの視聴者の支持を得たのではないかと思います。

実は、国税も同じような隠語を使います。国税局のことを「本店」と呼び、所轄の税務署のことを「支店」と呼んでいるのです。私が親近感を抱いたのは、そうした理由があったからかもしれません。

映画では、現場一筋のいかりや長介さん演じる和久さん、青島刑事の「後輩」だったのにキャリア組として昇格試験に合格し、上司として「支店」に戻ってくるユースケ・サンタマリアさん演じる真下正義など、いろいろなキャラクターの登場人物がいました。

「国税にもいるよなあ、こんな人……」と、思ったものです。

私はテレビドラマや映画を見ると、すぐに登場人物の誰かに感情移入してしまうのですが、『踊る大捜査線』の場合は、気分はすっかり深津絵里さん演じる恩田すみれでした。

マルサには誰も抵抗できません

話を元に戻しましょう。マルサとは、「本店」の、つまり国税局の査察部門のことです。マルサでは、実際に調査に着手するまでかなりの時間と人を投入します。

調査はヒト・モノ・カネ・情報を追いかけます。

国際的に有名な映画監督が、「国税の怖さ」について語っているところをテレビで見たことがあるのですが、マルサは、調査の対象となった経営者を取り巻く人間関係については、恐ろしいくらい詳しく調べます。

特に「特殊関係人」と呼ばれる愛人は不正なお金を預かっていたり、鍵になっている人物である場合が多いようで、詳細に調査します。


なぜ、そこまでマルサは準備調査に力を入れるのでしょうか。

それは、**マルサは令状を持って強制調査を行い、刑事事件として立件することが仕事で、最終目的はその経営者を脱税犯として逮捕すること**だからです。

令状を持ったマルサが急に調査にやって来た場合、抵抗することはできません。覚悟を決め、調査に協力することをお勧めします。

本書をお読みいただいているほとんどの読者の皆さんには、おそらく別世界の話であるとは思いますが……。

話を心から聴くということ

では、私が勤務していた税務署では、どんな仕事をしているのでしょうか。

私が『踊る大捜査線』を見るとき、「本店」の真矢ミキさんが演じる沖田仁美ではなく、深津絵里さん演じる恩田すみれに自身を投影するのは、私が所轄の税務署勤務だったからです。

所轄の税務署で行う税務調査は、令状がありません。任意調査です。

マルサは強制調査なので、有無を言わさず調べることができるのですが、税務署の調査官は強制調査をする権限を持っていないため、仮に納税者の同意なくして家やオフィスの中に入ったとしたなら、不法侵入ということになります。

任意調査の場合、調査官はまず、納税者に対して調査に協力してもらえるよう説得することが必要なのです。

税務署では調査担当に配属されると、税務調査に関する研修を受けるのですが、その中で一番重要とされているのが、調査の際の「説得力」です。

説得力が必要なのは、調査の入り口のシーンだけではありません。

調査官は納税者とのやり取りから矛盾を導き出し、不正を発見しなければなりません。その過程では、利害関係ではなく、善悪の基準で判断することが大切だということを納得してもらえるように話をしないといけないのです。

税務調査は修正か更正かで終わります。修正とは、調査対象者となった経営者が納得し、修正申告書を提出することで調査を終了します。税務調査の際、売り言葉に買い言葉で、

「そんなに言うんやったら、更正してください！」

という税理士がたまにいましたが、税務署が更正することはそんなにありません。私も長年税務署に勤めていましたが、更正したのはたったの一回だけでした。当時は、まだパソコンもなく、更正の書類は手書きでした。証拠保全のため、すべての書類をコピーするなど、とても手間がかかり、大変だったことを覚えています。

修正申告書を提出してもらうほうが仕事が早く済むし、納税者も調査官も助かるのです。

「あの頃はホンマにしんどかったんや……」

昔話をしながら、涙する経営者も少なくありませんでした。また、経営者は必ず行政に対する不満や要望を持っています。

税務署の調査のレベルでは、不正といっても悪いことをしようと思っている人はほとんどいません。皆さんの語られる話をよく聞いて、きちんと理解を示し、私の考えも真摯にお伝えすることで、納税者の方々も私の仕事のことを理解してくれ、修正申告に応じる気持ちになってくれていたのだと思います。

税務署が行う任意調査の目的は、一滴残らず税金を搾り取ることではなく、適正・公平な課税の実現にあるのです。

調査先を選ぶのは、いつから？

税務調査が一番多いのは、どの時期かを気にされる方も数多くいらっしゃるようです。この点について説明するには、税務署の仕組みを紹介する必要があります。

税務署の事務年度は、七月一日から六月三〇日です。定期異動はこれに合わせて、七月にあります。

仮に、税務署の事務年度を多くの一般企業と同じように、四月一日から三月三一日にすると、確定申告後の処理を行う時期に人事異動が行われることになり、事務に支障をきたすことになってしまいます。

そういう意味もあって、税務署は七月に定期異動を行い、事務年度は七月一日から六月三〇日になっているのだと思います。

毎年、七月になると各税務署の職員は、三分の一程度入れ替わります。調査担当部門では、七月から新たなメンバーになり、調査に行く事案も新たに選びなおします。

どの企業に調査に行くのか、前年度の終わり（つまり五月や六月）に、多少は選んでいる場合もあるのですが、七月、新年度になって、新たなメンバーの顔がそろってから、その一年の調査の計画を立てるのです。

最も本腰を入れて調査できるのは、ナナジュウニ

税務署は、七月から一二月、一月から三月、四月から六月。この三つの時期に分けて年間計画を立てます。

大阪国税局管内では、七月から一二月までを「**ナナジュウニ**」、一月から三月で確定申告までの期間を「**カクシンマエ**」、確定申告の期間中を「**カクシンキ**」、四月から六月

を「ヨンロク」と呼んでいます。

この三つの期間のうち、本腰を入れて税務調査ができるのは、「ナナジュウニ」と「ヨンロク」です。

「ナナジュウニ」は六カ月で、「ヨンロク」は三カ月です。期間の長さで比べると「ナナジュウニ」は、「ヨンロク」の倍になります。しかも「ナナジュウニ」は、年度の初めの時期でもあり、調査官のモチベーションも高いと言えます。


追加の税金がたくさん取れそうな事案から着手したいと思うのが人情……というわけでもないのですが、大きな追加税額が想定される事案、あるいは調査に日数を要するであろう事案は、「ナナジュウニ」に着手する場合が多いのが実情です。

「ヨンロク」で着手した事案でも、調査を進める過程でさらに不正が見つかり、多額の追加納税が必要になる場合もあります。

ただし、ここで注意しておくべきことは、支店のトクチョウ担当や本店のリョウチョウでは、確定申告の時期でも、税務調査を行っている場合があるということです。また、マルサの反面調査ということもありえます。

大切なのは、税務調査の最盛期がいつなのかを知ることより、**税務署が突然やって来ても、何を尋ねられても、すぐに対応できる状態にしておくこと**なのだと思います。

増差税額の多寡が出世を決める？

経営者の方よりも、会社員からよく聞かれる質問があります。

「税務署の人って、取ってきた税金が多いほど出世するんですか？」

というものです。

何をもって出世というのかは、その人の価値観によって違うと思います。

会社勤めの方にとって出世とは、入社したときは平社員だけど、年次を重ねるとともに、主任になって、係長になって、順調に行けば課長になって、もうちょっと頑張れたら部長まで行けるかな……こうした役職のことを言っているのかもしれません。

これを税務署に置き換えてみると、まずは事務官として署内で窓口業務などをこなし、そのあと、先輩の指導のもと調査へ。さらに調査官になったら、どんな事案でも最初から最後まで一人で処理をすることになります。

調査官から、上席という役職になるまでは少し期間が長くなるのですが、この時期どんな部署に配属されて、どんなふうに過ごすのかで、その調査官の将来はある程度決まるように思います。

税務署で働く人の採用形態は、大きく分けて二種類あります。

税務職員採用試験（高校卒業程度）に合格したあと、税務大学校で約一年間の研修を受けた職員と、スペシャリストとして国税専門官採用試験（大学卒業程度）に合格し採用された職員です。

国税の世界では、高卒で公務員試験に合格して採用された職員は「**フツウカ**」、国税専門官のことは「**コクセン**」と呼ばれています。

コクセンは、幹部候補生という触れ込みで採用試験を受けているので、採用された当初から、いつかはどこかの税務署長になるだろうと思っている職員が多かったように記憶しています。

でも、いざ税務署に配属されると採用形態にかかわらず、コクセンもフツウカも同じような仕事をします。

現場では、コクセンを指導する担当者がフツウカ出身の場合もあります。フツウカにとっての哀しみは、自分が税務署で指導担当したコクセンの後輩と次に税務署で同勤したときに、役職が逆転している場合があるということでしょう。

「お前も偉くなったなあ」と口では言っても、心中は複雑な面があるのは否めません。

ここでも『踊る大捜査線』を思い出してもらうと、わかりやすいと思います。

おそらく、誰よりも現場をよく知っていて、ホシを挙げたのは、現場たたき上げのいかりや長介さん演じる和久さんでしょう。でも和久さんは万年ヒラの巡査長どまり。

かたや、ユースケ・サンタマリアさん演じる真下は、現場の湾岸署ではへなちょこな感じでしたが、昇格試験に合格し、幹部として戻ってきたときには堂々としていました。

前に、『踊る大捜査線』の中で私は自分をすみれさんに投影していたと書きましたが、本当は、現場一筋の和久さんのほうが近いかもしれません。

警察の組織の中で、「ホシをたくさん挙げた者が出世するとは限らない」のと同じように、国税の組織の中では、「税金をたくさん取ってきた者が出世するとは限らない」という答えを導き出すことができるのではないかと思います。

誰が、どうやって幹部候補に選ばれるのか

一方で、実務能力が、出世に関係ないかというと、そうとも言い切れない面もあります。

税務署は、国税庁の下にある国税局の管轄下にあります。そして国税庁の組織の中には、税務大学校という研修機関があります。

税務大学校では、税務行政に必要な研修を行うことで税務職員のスキルアップを図っています。税務署で、キャリアアップをしていくには、この税務大学校（本校は、現在は埼玉県和光市）で定められた研修を受ける必要があります。

これらの研修については、フツウカよりも幹部候補生として採用されたコクセンにチャンスが多いというのが実情です。ただし、コクセンなら誰でも受講できるわけではなく、研修を受けるためには選考試験に合格しなければなりません。

また、フツウカの職員に、まったく出世のチャンスがないのかというと、そういうことはなく、採用されてから七年間、実務経験を積んだあと、選考試験を受けて合格すると、本科研修を受けられます。そして、この本科研修の受講を修了すると、コクセンと同じような幹部候補生の試験も受けられるような仕組みになっているわけです。

研修を受けられるかどうかの選考の際は、記述試験だけではなく、仕事に対する取り組み方も評価の対象に入ると予想できます。

その意味では、たくさん税金を取ってきた職員のほうが評価がいいとなるのかもしれません。

出世に必須となる研修を受けられるかどうかの選考の際に、税務調査での成績も加味されるとすれば、増差税額の多寡も出世に関係すると言えなくもないのです。

いずれにしろ、税務署で日々の業務も真面目に取り組み、家に帰ってからも研修を受けるための試験の勉強をしている、そんな地道な努力をしている職員が、結果出世しているのだと思います。

ちなみに、私は本科研修を受ける資格を得たときは、すでに結婚し、子どもを一人産んでいました。その後、一〇年間受験資格はあったのですが、本科研修を受けるには家を離れなければなりません。どうしても、大阪に子どもを置いて和光市で一年間の研修を受けることは考えられず、本科研修の選考試験は受けませんでした。

最近では、女性登用が盛んに言われ、地方の女性でも本科研修を受けやすいように工夫がされていたり、また、女性の働く意識も高くなっており、子どもを持っていても、スキルアップのために本科研修を受ける職員が増えているようです。

キャリアが税務署で勤務する場合もある

国税の幹部候補生ではなく、国の幹部として採用された人たちが税務署で勤務する場合もありました。それは国家公務員採用総合職試験に合格した、世間では「キャリア官僚」と呼ばれている人たちです。

特に財務省のキャリア官僚が税務署で勤務する場合があります。霞が関にこもっているだけでなく、現場を体験させるという意味があるのでしょう。

キャリア官僚は、三〇代半ばで税務署長として着任することがあります。そして、私が勤務していた頃は、ほとんどが、あのT大卒でした。

キャリアの税務署長の下で働いた職員の話によると、彼らは頭脳明晰で、業務や書類などについて、すべての内容を説明しなくても要点を理解してくれるし、記憶力も優れていて、鋭い指摘をしてくるそうで、「やはりキャリアは違う！」という感想を抱いたと言います。

私も一時期、キャリア官僚ではないのですが、コクセンとして採用された、T大卒の後輩と同じ部署で働いたことがありました。

コクセンで入ってきても、やはりT大卒は違うなあと思いました。何をやっても飲み込みがいいし、仕事も早い。そんなところは上司もちゃんとチェックしていたようで、その後輩は一回目の定期異動で本店に栄転しました。

調査に来るのはどんな人？

今回、新版化にあたって、国税庁のＨＰの採用案内のページを確認したところ、国税専門官採用試験（大学卒業程度）と税務職員採用試験（高校卒業程度）の他に、経験者採用試験と中途採用者選考試験（就職氷河期世代）の採用枠もあることが書かれていました。

国税庁でも転職組を採用しているんですね。

今まで紹介した他に、導入されたのが再任用です。

ここで、ちょっと再任用の調査官について書いてみたいと思います。

私は本書執筆時、近畿税理士会南支部で広報委員をしていました。『近税みなみ』という機関誌を発行するのですが、会員の皆さんから寄せられた原稿を、委員会のメンバーが集まって校閲するのがお役目です。

何年か前、『地味にスゴイ！　校閲ガール』というドラマがヒットしたのはご存じでしょうか。

その頃、とある大学でキャリアの授業の講師を担当させていただいたことがあったのですが、そのとき、学生から（出版社で）校閲の仕事をするにはどうすればいいのかという相談を受けたことがありました。

私も、自分の本を出版する際に校正をするのですが、たった一人で何度も同じ文章を読み返す作業は忍耐力と集中力が必須です。

ドラマになったから注目された仕事ですが、校閲の部署がある出版社はあまりないので、ピンポイントでそこを目指すことは現実的ではないかも、という話をさせていただいたことを思い出します。

広報委員会では、できる限り元原稿の味わいを損なわないように気をつけながら、読みやすい文章にするにはどうすればいいのか、辞典やスマホを片手に委員同士で意見を出し合うのですが、それぞれの考え方や生き方が見えるようで、結構楽しんで取り組んでいました。

その広報委員会の休憩時間に隣に座っておられた税理士のCさんが私に話しかけてこられたんです。

「いや〜、もう、困ったことになったんですよ。税務調査なんですけど、コロナで大変なお客さんなんですよ」

「でも、税務調査って延期できると思うんですけど」と私が答えると、

「そう思って署に電話を入れたんですけど、担当者は再任用の人らしくて、毎日出勤してないようで、なかなか連絡がつかないんです」とのこと。

昨今、国税を辞めて税理士になることを選ばず、六〇歳の定年を超えても「再任用」を希望する職員が増えているとは聞いていました。

フルタイムでなく、週に二～三日出勤するという働き方を選ぶこともできるようです。「再任用」の人は、若手を指導しながら調査を担当していることもあるようです。中には、良くも悪くも昔ながらの指導法の方もいらっしゃるだろうなと想像できます。

「税務調査は外科の手術やと思え！　悪いとこを早いこと見つけたら、サッと切って開いてスッと膿を出したるんや。そうしたら、納税者も、痛い思いはしたけど、今度からはちゃんとしようって思うんや。細かいこと言わんと、さっさと終えてやることが担当者が唯一できることなんやぞ。よう覚えとけ！」

私に税務調査のイロハを教えてくれた上司が、いつもそう言っていたのを思い出しました。

税務調査にやって来るのが「再任用」の方なのか、どの系統の職員なのか。事前に知っておくとよいかもしれません。

顧問の税理士さんが、職員録を持っていれば、担当調査官の職歴をたどるとどんな仕事をしてきたのかを知ることもできます。

本当は、誰が来ても同じような調べ方にならないといけないと思うのですが、そうではないのが、税務調査。調査官にもいろんなタイプの人がいるというわけです。

調査官はお国のために働いているのか

私は初級国家公務員税務職（私が採用された当時はそのような呼び方をしていました）の女子一期生です。

「税務署の人って、国家公務員ですよね。国家公務員ってみんな、お国のためにと思って働いてるんですよね」

そんなふうに言われたことがありましたが、とっさに答えることができませんでした。恥ずかしながら私は税務署で働いているとき、お国のためになんて考えたことがなかったのです。

女子でも四年制の大学に進学する方が多くなりましたが、私は高校生の頃、女子で四年制大学に行くのは、学校の先生を目指す人くらいと思っていました。

高校生のとき、大学に入ってまで勉強したいことは特になく、両親からも「女に学歴があっても婚期が遅れるだけだ」と言われていたこともあり（今では信じられませんが）、就職することにしました。

就職するなら細く長く、将来安泰の公務員がいいだろうと、地方公務員と国家公務員を受験しました。そのときの私の公務員のイメージは、黒い腕カバーをしていろんな書類を作成、チェックして、一日中机に向かっているというものでした。

地方公務員のほうは最初自分の住んでいる市職員を受けるつもりが募集がなく、少し遠いけれど京都市役所を受けることに決めました。国家公務員のほうは、学校の進路の先生から、

「国家公務員の税務職は女子一期生だから受けてみないか」

と勧められ、「一期生」というもの珍しさに惹《ひ》かれて受験することにしたのでした。

採用試験には両方とも合格しました。京都市役所は京都市内にあるので、二部の大学に入学して大学生活も謳歌《おうか》できるというので、気持ちはかなりそちらに傾いていたように記憶しています。

一方、国家公務員税務職は未知の世界で、どんな仕事をするのか、まったく見当がつ

きません。ただ、面接の際に試験官から転勤が多いとは聞いていました。

「つぶしがきくだろうから、国家公務員の税務職に進むほうがいいだろう」とアドバイスをしてくれたのは父でした。

国家公務員税務職として勤務すると、一定の条件を満たせば、税理士試験の税法科目が免除になり、税理士資格を取得できるということを父は知っていたのです。

これもよく聞かれるので補足しておきますが、税務署で勤めたことがあれば、誰でも税理士資格を取得できるというわけではありません。

私のときは、高卒の場合は二三年以上勤務した者は税法については実務経験があるということで一部試験が免除になりました。けれども、財務諸表と簿記会計論の試験には合格しなければ税理士資格を取得することはできず、そのときは結構勉強しました。

なぜ罵声を浴びせられながら働けるのか

「いってきま〜す！」

調査官時代、私はいつもフロアーに響きわたるくらい大きな声で挨拶をして調査に向かいました。

「今日も一日頑張って調査するぞ！」という気持ちも込めてです。

「飯田さんは、いつも楽しそうに調査に出ていかれますね」

後輩の調査官からよくそんなふうに言われました。

税務署に入った一年目、男女雇用機会均等法で男子も女子も同じように働くという条件で採用されたにもかかわらず、同期の男子は調査の手ほどきを受けても私は内勤でした。

朝と午後三時のお茶くみ、さらに来客があったときにお茶を出すのが私の主な仕事でした。仕事らしい仕事はベテランが抱えていて、なかなか回してもらえず、一日中書類にゴム印を押したり、アルバイトのおばさんに雑用を分けてもらったりという日が続きました。

そんな状態が続いて腐りかけているとき、父から、

「好きなこととして給料がもらえると思ったら大間違いやぞ！　給料は辛抱代《しんぼうだい》やと思え！」

と言われ、それからどんな仕事でも進んでやるようになりました。
仕事を与えてもらえなかったときのつらさを知っている私にとっては、税務調査は素晴らしくクリエイティブな仕事だったのです。

こうして税務署で長年働いてきた私ですが、**一つの仕事を長く続けるには大義名分が必要だ**と思います。

私の場合、定年までは勤めなかったけれど、二六年もの間税務署で働くことができたのは、自分なりに大義名分を持っていたからだと言えるでしょう。

「お国のために」という大それた思いはありませんでしたが、税務調査という仕事をすることは、課税の公平の実現を図る担い手だったと自負していました。

「お前ら弱いもんいじめばっかりして、楽しいんか！」

そんな罵声を浴びながらも、働いてこられたのは、税務調査でお会いした方に、税金のことを理解し、きちんと納税していただきたいという思いがあったからだと思うのです。

もし、機会があれば、これから国家公務員になろうと思っている学生さんに、

「あなたが国家公務員を目指しているのは、お国のために働きたいと思ってのことですか」

とインタビューしてみたいと思います。

国家公務員を目指す方がお国のために役立ちたいという気持ちをしっかりと持っていれば、きっと、これからの日本はもっと素晴らしい国になっていくと思います。

第4章

税務署はやっぱり見ている。

税務署は税理士も見ている

試験組税理士と国税OB税理士

この章では、税務署、あるいは税務調査を理解する上で、切り離すことのできない税理士について考えてみます。

税理士と一口に言っても、「**試験組税理士**」と「**国税OB税理士**」がいます。資格としては、なんの違いもないのですが、世の中では、こういう区分けで見る風潮もあるようです。

業界では、国税勤務の経験がある税理士は「国税OB税理士」と呼ばれています。

国税庁の中には、長官官房、課税部、徴収部、調査査察部があり、税務大学校や、国税不服審判所と言って裁判にかかわる仕事をする部署もあります。国税の組織には、税務調査以外にもさまざまな仕事があるのです。

かつては、ある一定期間、国税の組織に在職し、在職中に簿記論と財務諸表論の比較的簡単な研修を受ければ、「税法免除」になって、定年退職後は税理士として開業できる仕組みになっていました。

しかし、平成一三年（二〇〇一年）に、税理士試験制度に関して税務職員などに対する試験科目の免除制度の見直しがあり、必須科目である簿記論と財務諸表論については、かなりレベルの高い研修を受け、その後試験に合格しなければ税理士資格を取得できなくなりました。

たとえば、日頃の業務で簿記会計に触れることのない部署で長年勤めた職員が、税理士資格を得ようとすると、簿記論や財務諸表論について、自力で一から勉強しなければならないということになったのです。

そのため、先ほど書いたように、在職中に資格取得のための研修を受けずに、退職しても税理士にならない職員も出はじめているようです。最近の「国税ＯＢ税理士」の中には、税法免除に至るまで国税に在職することなく、若いうちに退職して試験を受け、意欲的に税理士業をされている方もいます。

消えたバイトさんは、いずこ……

税理士資格を取得するには、全科目受験し、「試験組」として目指す道もあるだろうし、いったん国家公務員の税務職に就いてから目指すという道もあります。

でも、今や国家公務員税務職は、かなりの狭き門です。

私が入った頃は高卒の採用のほうが断然多かったのですが、最近では大学を卒業し、国税専門官として採用されるケースのほうが多くなっています。しかも、国公立大卒の人も相当数を占めるようになりました。


国税専門官の中には、税務署での仕事を経験してから税理士になりたいということで、働きながら試験を受け続け、合格したら退職して開業しようとする人もいるようです。

税務署での仕事を体験したいということであれば、アルバイトという方法もあります。一年のうちで最も忙しい確定申告の時期は、たくさんの学生アルバイトが採用されます。いつもは八～九割が男性の職場なのですが、申告の頃になると、女子高生や女子大生のアルバイトが来ることで税務署は一気に華やかになったものでした。

確定申告が終わると、アルバイトは主婦主体の「レギュラーさん」だけになります。ところが、私が勤務していたある税務署では、レギュラーさんに交じって三〇代中盤の男性がアルバイトをしていました。

「この人にはどういう事情があるんだろう？」と思っていたら、昼間は税務署で働き、夜は税理士試験を受けるための専門学校に通っているということでした。

その男性は、いつの頃からかアルバイトに来なくなったのですが、風の噂では見事試験に合格して、開業されたということがありました。

悪徳弁護士が存在するように税理士にもいろんなタイプが……

弁護士は法律の専門家なわけですが、立場の弱い人を守るために活躍している国選弁護士のような人もいれば、儲かる話ならどんな人でも弁護するという悪徳弁護士もいるようです。

実は、税理士にもいろんな考え方の人がいます。

「当税理士事務所は、税務調査の経験が多く、税務調査の際、提示された金額を下げさせたという事例をたくさん持っています！」

こんなキャッチで売り出している税理士事務所もあります。

税理士もサービス業なので、自分の得意なことを前面に出して、商売するのは何ら悪いことではないと思います。

しかし、有名人の名前を悪用して筋の悪い投資話を展開して逮捕された税理士などのように、「悪徳」な人は、法の裁きうんぬん以前に人間として許せません。

これまでに、脱税指南で逮捕されている税理士もいましたが、詐欺で逮捕される税理士もいます。持続化給付金詐欺に関わったという税理士もいました。

税理士には、税理士登録番号というものがあり、税務署は所轄で登録している税理士の管理をしています。

「この税理士、また顧問先が税務調査に入られてるなぁ。ちゃんと指導できてるんかなぁ？　この税理士のお客さんになっている経営者は他の経営者よりも、不正を働いている確率が高いと言えるのかも……」

調査官は税理士のことも見ています。

顧問の税理士を選ぶ際にも気をつけないといけないのは、「人として何が正しいかで判断する」ということでしょう。

「お土産」という都市伝説に迫る

いつもきちんと納税されて、税務署とは縁遠い経営者、あるいは大手企業にお勤めの会社員、さらには何度も税務調査を受けた経験をお持ちの中小企業の経営者など、いろいろな方から、税務調査を乗り切る際の、ある具体的なノウハウについて質問されます。

「税務調査って、『お土産』を用意しておかないとダメなんですよね？」

この話を聞くと、むしろ私のほうから質問したくなります。

「『お土産』って、いったい何なんですか？」

長年、調査官として勤務してきた私にもわからないのですから、税務調査とはなじみのない読者の方も、ちんぷんかんぷんだと思います。次の発言をお聞きください。

「私はきちんと申告したいと思ってたんですけど、顧問の税理士さんから、『お土産を残しておかないと、次、調査に来られたときに余計なことまで調べられるから、ここは、ちょっとこのままにしておいて、指摘されたら修正で追加の税金を払うことにしましょう』って言われたんですけど、本当にそんなことでいいのでしょうか」

ある中小企業の二代目経営者の方が、誰にも相談できずに悩み、私にこう話をされたのでした。

先代社長の時代から顧問をしている税理士は、会社の台所事情も二代目社長よりずっと前から詳しく知っています。

世代も先代、つまり父親と同年代。二代目としては鼻を垂らしていた頃からよく知っている税理士に対して、社長になったからといって意見することはできないというのが本音のようです。

この顧問税理士の主張は、「税務調査に入られた際に、調査官は何かしらの成果を得ようとするもの。軽い修正申告する余地をあえて残して取引したほうが、早くカタがつく」ということです。

では、元調査官の立場から言わせていただきましょう。

税務調査に「お土産」などありません。都市伝説の類です。

調査官は何も不正を発見できなければ、その調査は「申告是認」となります。

不正がなければ、調査官は手ぶらで帰る

普通に考えてみてください。

「何も不正を見つけることができなかったのですが、手ぶらで署に帰ると格好がつかないので、少しだけでいいので何か項目を作って修正してもらえないでしょうか」

こんなことを言う調査官がいるでしょうか。

税務調査では、資料の間違いなどで「選定誤り」ということがあった場合、その案件は申告是認、つまり「申是《しんぜ》」で終わります。**修正申告書を提出することなく税務調査を終える場合はある**のです。

税務署でも国税局でも、調査官に対して、修正申告の見込みがない場合は、その調査を打ち切り、次の案件への着手を進めるよう指導しているはずです。

先ほどのエピソードに登場した、先代からの顧問税理士は、

「次に調査に来たときのために『お土産』を作っておく」

と言っています。ですが、税務調査の実調率《じっちょうりつ》を見れば、認識は変わるのではないでし

ょうか。

実調率とは、申告されている全企業のうち税務調査に選ばれる企業の割合。つまり実地調査の件数を対象法人数（個人の場合、税額のある申告を行った納税者の数）で割ったものです。


国税庁は、平成三〇年一月二四日付の「税務行政の現状と課題」で、さまざまなデータを公表しています。その中で実調率についても確認できます。

平成二八年（二〇一六年）分の法人実調率は、三・二パーセント、個人実調率は一・一パーセントとなっています。

実地調査のサイクルを単純に計算すると、**法人の場合、およそ三〇年に一回、個人の場合は、およそ一〇〇年に一回**と書かれていました。

それなのに、次もまた調査に来るだろうからと、わざわざ「お土産」を残す行為に意味はないと思うのです。申告すべき税をあえて申告しないように指南している税理士を、今後も顧問先として契約し続けてよいのかどうか、考えてみる必要があるでしょう。

「これくらいならいいよね」を生む企業体質

税務調査に「お土産」が必要だと考えるのは、元国税調査官としては、関与先に対する仕事の手抜きをしている税理士の逃げ口上から生まれたものではないかとも思います。「言ったところでできるわけがない。いちいち言うもの面倒だ。じゃあ、適当にやっておいて税務署が来たらそのときに直せばいいだろう」

調査対象にあがってくる経営者の顧問税理士は、そんな考えの方が多かったように思います。

「税理士さんが『これくらいならいい』と言うから、これくらいでいいだろう」その適当な感じは経営者にも伝わります。そして、経営者がそのように思って仕事をしていると、社員もそれを敏感に察知します。

「社長が『これくらいならいいだろう』と言って、適当にやっている部分があるんだから、私たちもこれくらいはいいよね」

社員それぞれが勝手な判断をするようになり、それぞれの社員の心に隙《すき》が生まれます。

人の気持ちは弱いものです。会社では、仕事に対して、お金に対して、互いに牽制《けんせい》し合える仕組みを作っておかないと、一気にモラルは低下します。最初はささいな不正でも、それを止める人がいないと、だんだんとエスカレートしていって、それが最後には横領に発展していくことにもなりかねないのです。

私は税理士の登録時研修で講師の方が、「税理士は顧問先の晩御飯のおかずのことまでわかるくらいでなければならない」と言われたことをとてもよく覚えています。まさに、そのとおりだと思います。

経営者と税理士は何でも相談できる信頼関係を作り、さらに経営者は社員と良好な、けじめのある関係を保つことが、テクニカルな税務調査の対応策をどうこうすることよりも大切なのは間違いありません。

そうすることで、不正を生まない企業体質とすることが、最良の税務調査対策なのです。

なにやら、経営者向けのお話のようになってしまいましたが、この話、会社員の方々にとっても、働く上でのモラルの話だと思ってお読みいただければ十分営業トークのネタに使えると思います。

中小企業を担当する営業の方であれば、税務署に関する情報のうち、どれが本当で、何が都市伝説と言われる範疇のものかを知り、中小企業の経営者の方にお伝えになれば大変喜ばれること請け合いです。

調査官が二度と行きたくない会社とは

唐突ですが、ここで問題です。

Q 上司である統括官から、前回、「申是」になった企業に、また調査に行くよう指示を受けた調査官。さて、どんな気持ちになるでしょうか。

A 「リベンジだ！」と思って、張り切って調査に向かう。

B 前回、「申是」だと、同じことになる可能性があるから、あまり行きたくない。

調査官によっても違うのでしょうが、私は調査官当時、前回調査で「申是」の事案には行きたくありませんでした。ですから、この問題に登場する調査官が私であれば、答えは**B**です。そして、同じような気持ちの調査官は、とても多いと思います。

調査官を、税務署の営業担当と思ってもらえると、とても理解しやすくなります。営業の仕事をしたことがある方なら、おわかりいただけると思うのですが、一度断られた会社の門をもう一度たたくには、とても大きなエネルギーがいるものです。ですから、今期は絶対に自信があるという場合は、税理士がなんと言おうと、調査官がなんと言おうと、「修正申告に応じない」と主張することが理に適《かな》った行動となります。

修正する必要がない場合（**これが大前提ですが**）、**そこで頑張って「申是」を勝ち取ることができた企業には、それ以降、調査官は足を向けにくくなります。**それが、税務調査と縁遠い企業体質につながることは間違いないでしょう。

九五パーセントの会社になればいい

ところが、「お土産」を用意しておき、税務調査のたびに、毎回修正申告書を出している会社は、調査官にとっては「訪問しやすい会社」ということになりますから、いつまでも調査対象にあがってくることになるわけです。

元調査官の私が言うのもなんですが、企業にとって、税務調査は大変に面倒なことです。その面倒な調査があることを念頭に事務計画を立てているというのなら、それでいいかもしれません。

けれども、事前通知があったら税理士と日程を調整し、書類も見直し、何日間かは業務に携わることができなくなる。場合によっては反面調査で取引先にも調査が及ぶかもしれない……。

そんなことに時間を取られることは、はっきり言って、ムダです。きちんとした経理を行い、税務調査に入られにくい体質を構築できた企業は、そのムダがなくなります。

税務調査の実調率は五パーセントにもなりません。

何もやましいことがないのであれば、税務調査に選ばれることはないのですから、九五パーセントの会社になればいいだけの話です。

グレーな部分を「お土産」といって残すのではなく、きちんとすべてガラス張りの経営にすればいいのです。

ある中小企業は、思い切って社員に自社の決算書を公開したところ、細かなことはわかっていないけれど、なんとなく数字を見たことで、自分のやっている仕事が会社全体にどのように貢献しているのだろうかと思うようになったのだそうです。

税務調査に入られにくい企業体質を構築するためには、社員一人ひとりが経営者感覚を持つことが大切です。「あれっ、これって大丈夫かな?」と感じるセンサーを磨くこと。それには、先にも紹介した「調査官目線」を養うことが必要になってくるのです。

座っていただけで請求された立会料

経営者向けの税務調査対応策セミナーが終了し、私が帰る支度をしていると、一人の男性が「ちょっと相談したいことがあるのですが……」と声をかけてきました。

三〇代後半の彼は、てっきり経理担当なのだろうと思いました。

「時間がないので、後日メールかお電話をいただけないでしょうか」

こう言って、切り抜けようと思いました。

セミナーのあとで個別に持ちかけられるお話は、「ホントに簡単なことなんで……」とか、「ちょっとだけ教えてほしいんですけど……」と言われるものほど、ややこしいものが多いからです。

でも、彼があまりに真剣なので断ることができず、お話を聞かせていただくことにしました。すると、ぽつりぽつりと話を始められました。

「私はとある事業を営む経営者ですが、創業者ではありません。父が創業した会社を引き継いだのです」

またしても二代目経営者です。どうも、二代目以降の方は不安を持ちながら経営されているケースが多いようです。

経営者にとって、税理士は身近な法の専門家です。税法以外のことも相談されることが多いものです。

（顧問の税理士には相談されたのかな）

まず、そのことが気になりました。

個人事業主であれば税理士を雇っていない場合もあるのですが、会社を経営している人は、ほとんどの場合、顧問税理士がいます。にもかかわらず私のセミナーに参加し、個別で相談をしようとされている。

（顧問税理士との関係があまりよくないのかも……）

私はそんなふうに思いました。

「私は二人兄弟の長男です。母はとても愛情深い人で、大切に育ててもらったと思っています。でも、父は職人から会社を興し、仕事人間で、家族のことはほとんど顧みない人だったのです。私はそんな父があまり好きではありませんでした。大学卒業後、私はある企業に就職し、ずっと経理を担当していたんです」

「でも、そこを辞めてお父様の会社を引き継がれたんですね」

「父が突然亡くなり、母から、事業を引き継いでほしいと懇願されたので……」

このパターンで突然事業を引き継ぐケースは本当に多いものです。

「父と一緒に会社を作ってきてくれた人たちの働く場所をなくしたくないという、母の強い思いが、会社を継ぐ決心をさせたのだと思います」

勤めていた会社を辞め、いきなり経営者になるというのは、さぞ、いろいろな苦労があったことでしょう。彼は話を続けます。

「私はもともと経理をやっていたので、父の会社に入ったときも、まず経理をチェックしました。父の代からの経理担当は、厳格な人だったので安心していたのですが、昨年、税務調査に来られることになりました。

私は、何もやましいことはしていないし、いつ来てもらってもいいと思ったので、すぐに日程を決めて返事をしました。すると、その経理担当が、『税務調査のとき、社長はいつも税理士さんに連絡してましたよ』と言うので、『では、連絡だけしておいてください』と言っておいたんです」

「連絡したのに、調査当日に税理士さんが来られなかったということですか」

「いいえ、その逆です。私は税理士さんには来てもらう必要はないと思っていたんです。だって、経理は私が直接見ていて、先生は決算書にハンコを押すだけですから。何も悪いこともしてないし、税務署の方が来られても十分対応できると思ったんです」

だんだんと彼の言葉に力が入ってくるのがわかりました。

「それはそれでいいと思いますよ。税務調査には必ず税理士が立ち会わなければならないということはありませんから」

「でも、呼んでないのに、税理士さんが勝手に来て……。何も言わずに座っていただけなんで、その日は、なんとも思わなかったんです」

ははーん、なんとなくどういうことかわかってきました。

「で、調査はどんな具合だったんですか」

「何もありませんでした。追徴金はなしで終わったんです」

「それはよかったですね」

「いえ、それがよくないんです。数日後、税理士の先生から請求書が送られてきたんです。立会料と書かれていました。それは、ありうるなとは思ったのですが、請求額が想像していたものとはケタが違いました。先生が調査の当日来られて座っておられたのは事実です。

でも、調査官からはなんのお咎《とが》めもなかったのにあんなに立会料を請求されるとは驚きました。『父の代からお願いしている先生なんで、ことを荒立てないほうがいい』と経理担当が言うのでお支払いしたんですけど、どうも納得がいかなくて……」

一通り事実関係を話し終えると、彼は疲れた表情を浮かべました。

顧問税理士と契約書を交わしていますか

私は、彼が少し落ち着いてから、こう聞いてみました。

「確認なんですけど、その顧問税理士とはどんな契約をされてるんでしょうか」

「えっ、契約ですか？　そんなものは、多分ないと思います」

税務調査対応策と銘打ったセミナーでは、税理士について質問を受けることは少なくありません。質問というよりも、顧問税理士に対する不満を聞くと言ったほうが正しいかもしれません。

「うちの税理士は何も教えてくれないんですけど、いいんですか」

「税務調査のとき、税理士さんが『私はちゃんと指導してるんですけど、社長は全然言うとおりにしてくれなくて困ってるんですよ』と税務署に言い訳したりして、税理士っていったい誰の味方なんでしょうか」

会社が税務調査対応策について考えるには、顧問税理士との関係をよくすることから始めなければなりません。そのためには、まず、顧問税理士と会社がどのような契約を交わしているかを確認することが必要です。

先代社長時代からの税理士の場合、ここで紹介した例のように、口約束で仕事をしていて、契約書を交わしていない場合があるようです。

もし、あなたが経営者であれば、顧問の税理士とどんな契約書を交わしているか、今一度確認しましょう。

えっ、契約書を交わしてないことがわかった?

それは大変です。すぐに顧問税理士と話し合って、契約書を作成することをお勧めします。

「儲かったら外車を買ったらいいですよ」と言う先生

中小企業の経営者は、弁護士や社労士などにたまに仕事を依頼することはあっても、毎月関与ということは少ないでしょう。けれども、税理士の場合は違います。中小零細であってもほとんどの企業は顧問税理士を置いていると思います。

中小企業が税理士に顧問になってもらう経緯には、いろいろなケースがあると思います。取引先や銀行の紹介、あるいはネットで検索……。

ただし、税務署に出す申告書を作ってくれたらそれでいいと安易な気持ちで税理士を選んでいるとしたら、考え直したほうがいいかもしれません。

ある会社の営業担当者が、顧客企業の経営者から相談を受けたという話を私に語ってくれました。

「その経営者の会社は、赤字続きでピーピー言ってたんですけど、売上が急にあがって、税金を払う計算になったんだそうです。

そこで、顧問の税理士に『今年は黒字になりそうなので、たくさん税金を払うことになるのだろうか』と言ったところ、『では、高級外車を買ったらどうですか。税金を節約できますよ』って返事が返ってきたんだそうです。

経営者は、かなり驚いたそうです。外車に興味はないし……。それで、私に意見を求められたんですけど、それってどうなんでしょうか」

「う〜ん、どうなんでしょうと言われても……。それより、そんなことを気安く言う税理士がいることに私も驚いています」

「そうですよね。だって、経費にならないでしょう」

「もし、業務に使っていることが立証できれば、減価償却費という形で経費になる場合もあると思います。でも、ここで押さえておくべきことは、高級外車を買うことが、会社全体にどういう影響を与えるかですよね」

「会社に与える影響ですか……」

「たとえば、税金を払いたくないから資産として外車を購入したとしましょう。その費用を経費で落とすには、業務で使っているという事実を残しておかなければなりません。そのために経営者がその車で毎日通勤するようになったとします。するとどんなことが起こると思いますか」

「どんなこと……」

「社員は経営者のことをとてもよく見ています。『最近、社長は外車で出勤しているけれど、会社は儲かっているからなんだろうな』と思うでしょう。それから社員はどんなことを想像すると思いますか」

「会社が儲かったなら、社員の私たちにも還元されてもいいんじゃないか。臨時にボーナスが出たりするのだろうか、って感じでしょうか」

税理士と経営者が忘れるのは「社員の目」

——会社が高い利益をあげている場合、社長が高級外車を買うのは自由です。税法上の要件をクリアすれば経費で落としてもなんら問題はないでしょう。でも、ここで一番**注意しないといけないのは、ともに働く社員がどう思うか**です。

私は税務調査という仕事を長年する中で、調査官という目線からいろいろな企業を見てきました。

そこで気がついたのは、経営者と税理士が見過ごしがちなのは「社員の目」だということです。

会社は経営者一人で成り立っているものではありません。多くの社員の力で成り立っています。社員一人ひとりには感情があります。そこを大切にしているかどうかで、税務調査に入られやすいか、また、社員が不正を働いてしまうかどうかが決まってくるというのは、先に説明したとおりです。

税理士には、いろいろな考え方の人がいると思います。その税理士の考え方によって申告内容は変わってきます。

私のこれまでの経験では、とにかく少しでも納める税金が少なくなるようにすることが仕事だと思っている税理士の場合、これからその企業が発展し続けるためには、何をしなければならないのかまで考えていない場合が多いように思うのです――。


私が、このように説明すると、その営業担当者は、

「確かに、その経営者の方は、顧問の税理士さんのことをあまりいいように言いません。早速、今、聞かせていただいたお話をしたいと思います」

と納得がいった様子でした。


とかく税金に関することは複雑で判断しにくいと思われがちなのですが、実はとてもシンプルです。**何が正しいか正しくないかで判断すればたいていのことは解決できます。**

人には誰でも「良心」があります。ここでご紹介した事例では、高級外車が経費になるのか、経営者の方も、あるいは相談を受けた営業担当者も、法律では認められるとしても、

「本当にそれでいいのだろうか」

と良心が働いたのです。

税理士は法律に照らしてものごとを判断する傾向があります。当然それは必要なのですが、その前提として、自分の仕事は経営者とともに経営をよくしていくことだという考えを持っているかどうかで仕事の仕方が変わってきます。

法律の前に「良心」は誰にも備わっているものです。それを踏まえている税理士からは、安易に「高級外車を買って、節税したらどうですか」というような言葉は出ないと思います。

ダッシュボードから出てきたものとは

ある日の調査の帰り道。最寄り駅まで歩いていると、一軒の民家に軽トラックが横付けされていました。

車体に書かれた社名には見覚えがあります。私が調査のタマとして統官から付与された企業の名前だったのです。これといった決め手はないけれど、なんとなく気になって何度も決算書を眺めていたから記憶していたのです。

（ここに車が停まっているということは、今日はこの家で作業をしているということ。つまり一般家庭の仕事もしてるってことだな）

署に戻って、この事案の内容を確認してみました。机上調査の段階で決算書と資料を照合した際に、法人相手のメインの売上だけを申告していることがわかっていました。調査先として選定された理由は、単発、小口、現金などの売上計上漏れです。メインの取引先以外の一般家庭からの売上は現金で回収できる場合が多く、売上計上漏れになりやすいのです。

そして臨場調査当日。

「こんな小さい下請業者のとこに来たって何も出ませんよ」

立会している税理士はこう言います。ときどき、このように自分の顧客を卑下《ひげ》するような発言をする税理士がいますが、理解できません。それが調査官に対する牽制になると思っていたら、大きな間違いです。

私は税理士のその一言から、

（この税理士は経営者のことを大切に思っていない。すなわち、不正につながるようなことをしていても、しっかりとチェックできないし、そもそもする気もないのだろう）と判断し、手を緩めることなく調査しようと改めて思います。

決算書を作成する際、メインの売上が落ち込んでいる月があることは税理士にもわかっていたはずです。その段階で税理士が、

「この月は売上が少ないが、どうしていたのか」と問いかけていれば、

「実はこの月はメインの売上が少なかったので、他で拾い仕事をしていた」という話を聞くことができ、売上の計上漏れを防ぐことができたかもしれません。

私は聞き取りを続けました。

「帳簿調査に入る前に、資産の確認をしたいと思うのですが、仕事に車を使っていますよね。見せていただけますか」

経営者が駐車場まで案内してくれました。私は、用意された帳簿書類には一切手を触れないまま、筆記用具を鞄《かばん》の中に片付け、外に出ました。

「では、車の中を見せていただけますか」

「あっ、はい……」

経営者はおもむろにドアロックを解除しました。

「じゃあ、ダッシュボードの中を見せてください」

経営者は、ダッシュボードの中身を助手席に並べていきます。サングラス、片方だけの軍手、車検証、コンビニやファミレスの領収書がパラパラと出てきました。私がそのレシートに気を取られてダッシュボードから視線を外したそのとき、経営者の右手は運転席の足もとのほうに動きました。

「今のはなんですか？」

私は質問します。

「いえ、あの～。これは関係ないんで……」

「関係あるかどうかはこちらで判断しますので、見せていただけますか」

経営者は少しうなだれ、右手につかんだものを私に差し出しました。それは市販されている冊子の領収書でした。

反面調査は調査官もできれば避けたい

「これはなんでしょうか」

ほとんどが控えと化した冊子の領収書を受け取った私が尋ねても、青くなった経営者は返答してくれません。さらに尋ねます。

「メイン以外の売上は現金で回収して、その領収書の控えがここにあったということだと思うのですが、それで合っていますか」

経営者は小さくうなずきます。私は領収書控えをめくりながら尋ねます。

「株式会社××ともお取引があるんですね。先生はご存じですか」

「知らん。私は知りません」

「この会社との取引内容を確認したいと思うのですが、先生はご存じないんですか」

「こんな会社、初めて聞いたし、取引があるなんて知らんかった」

「では、反面調査させていただきます」

私は、預かり証を作成し、領収書控えを署に持ち帰ることで、その日の調査は終わりにしました。

ダッシュボードから出てきたのは単発、現金、小口専用の領収書控えでしたが、表には出していなかった別口のメインの取引先（株式会社××）から、領収書を発行するように言われ、その控えもそこに残っていたのでした。

そして、別のメインの取引先にも反面調査に出向くことになったのです。

これまでの経験では、調査官が「反面調査をします」と口にしても、税理士はあまり抵抗しなかったように記憶しています。経営者は「税理士の先生がそうおっしゃるのなら」と素直に応じていたように思います。

けれども、反面調査に来られた得意先は、応対することそのものを迷惑に感じるはずですし、場合によっては取引そのものを見直される恐れがあるのは、先に説明したとおりです。

税理士が本当に顧問先のことを思うのであれば、「私が代わりに調べるので、少し時間をください」と答え、反面調査を避けることをお勧めします。経営者からは、本当に親身になって考えてくれているのだと思われ、信頼関係が深まるでしょう。

一方で、税理士の側がきちんと調べることは、調査官にとっても助かるという側面があります。

調査官は、同時に数件の調査事案を走らせています。そうした状況下で、調査先への臨場とは別に日程調整をしたり、さらにそこで得た情報を集計したりするのに、かなりの手間がかかるため、**調査官もできることなら反面調査は避けたい**のです。

税理士が、その部分を調べてくれて、実地に反面調査に行かなくていいとなれば、他の事案に労力を投下できるため、心証は良好になるでしょう。

もちろん調査先と取引先とが口裏を合わせているような場合は、その実態をつかむために必ず調査官が反面調査に行かなければなりません。

けれども、記録の保存が不十分で、取引内容を確認するためだけであれば、税理士が税務調査の宿題として取引内容を調べることは歓迎される場合もあるのです。

反面調査一つをとっても、それぞれの立場でどのように対応するのがいいのかを考える必要があると思います。

税理士が前に出すぎると、時間をかけて調べたくなる

税理士法には税理士の使命がうたわれています。

（税理士法第一条）税理士の使命

税理士は、税務に関する専門家として、独立した公正な立場において、申告納税制度の理念にそって、納税義務者の信頼に応え、租税に関する法令に規定された納税義務の適正な実現を図ることを使命とする。

このように書かれているにもかかわらず、税務調査の際、調べられる経営者の側にのみ立って言動をする税理士もいました。

また、反対に調査が核心に迫ってくると、ちょっと経営者が席を立ったときに、

「いつもちゃんとするように言ってたんですけどねえ。社長は全然わかってくれなくて……。実は私も困ってたんです」

と耳打ちする税理士もいました。

一方、調査中に経営者がキレて、顧問税理士をクビにすることも何度かありました。

「ワシが金払《はろ》て雇《やと》てるんやぞ。お前どっちの味方してんねん！」

ただし、この経営者は間違っています。税理士はどちらの味方でもないからです。なのに、経営者を守ろうとする税理士がいたことも事実です。

税理士の態度で調査官の展開が変わることがあるというのは、これまでもご紹介したとおりです。**税理士や経営者の言動から、とことん調べてやろうという調査官魂に火がつくこともあります。**

調査官は一年間に処理する件数がある程度決まっています。その件数をこなすためには、段取りは各自で行い、メリハリをつけて調査の計画を立てます。

同時に何件も掛け持ちしていますから、「これはもっと調べなければ真相が究明できない」という事案が出てきた場合、その案件には時間をかけなければなりません。

では、どうやって時間を作るのか。

何度でも繰り返しますが、調査に行ったらまず経営者の人柄を観察します。

「この人は、税務に関する知識はあまりないけれど、真面目にやっていて、これ以上調べても不正を発見できそうにないので、臨場するのは今回限りにしておこう」と、初回臨場調査の際に、ある程度の進め方を決めるのです。何事もファーストコンタクトが大切です。

ところが、「質問したことにはスムーズに答えるけれど、経営者よりも先生が代わりに答えることが多かった。もしかすると、経営者は先生から、余計なことは話さないようにと言われているのかもしれない」

そう思った場合は、時間をかけて調べることになります。

税務調査の際、経営者に対して質問しているのに税理士が代わりに答えたり、完全に経営者側に立って調査官に調べさせないようにしたりする税理士がいる場合があります。場面によっていろいろだとは思うのですが、**経営者に向けて質問した場合、わからないなりにも経営者自身に答えてもらったほうが調査官には誠意が伝わると思います。**

税理士にすべてを任せてはいけません

「前回の調査では、どんなことを指摘されましたか」

調査に赴《おもむ》いた際に、必ず質問するのが、前回調査での指摘事項が何であったかについてです。

「そんなこと税務署のほうでわかってるんと違うんですか」

立会に来ている税理士の目はそう語っていても、私の視線は経営者に向けられます。

経営者が前回調査の指摘事項を即答できないということは、また同じことをしている可能性が高く、それがひどい場合は、反省の色がないということで、重加算税が課される場合があるのです。

「税理士さんに全部任せてるんで、前のとき、税務署さんに何を言われたかとか、ちょっと覚えてないですわ」

「税理士に全部任せている……」

調査対象にあがってくる経営者は、よくこの言葉を発します。調査官が不正を発見し、なぜそうなったのかを確認しようとしても、

「全部税理士に任せてるって言うてるやろが。俺は知らん！」

と言ったりします。

「あれっ？　このキーワード、どっかでも出てきたような……」

そう思われた方は、記憶力がとてもいいですね。先に紹介した調査官を燃えさせる言葉の一つがこれでした。

このような場合、知らないところで社員が不正を働いていたり、税理士が数字を操作

していてもわからないまま申告していることがあるので、しっかり調査しないといけない、と調査官が考えるというのは先にも書きました。

もし、不正の発端が税理士や経理担当者にあったとしても、この会社の経営者は社長自身であり、税理士や経理担当者ではありません。調査ではじき出された追加の税金を払う責任者は当然経営者自身になります。

税務調査で指摘された事項については、同じ間違いを起こさないために、経営者は修正申告書を提出する際、追加の税金の合計金額がいくらなのかだけでなく、なぜそのように追加の税金を払うことになってしまったのか、具体的な内容や内訳についてもしっかり理解しておく必要があるのです。

特に、原始記録の保存が十分でないという理由で、推計課税によって調査税額を算出する場合、調査官や税理士に計算を任せっぱなしにするのではなく、その計算根拠について納得がいくまで説明を受けることをお勧めします。

「何かを隠しているぞ」に切り込むトイレ作戦

ある小売業の店に税務調査に出向いたときの話です。

「なんで、こんな赤字続きのところに来るんですか。先代からの付き合いで顧問はしてるけど、もう、何年も顧問料をもらってないんですからね。今日も頼まれたから立会には来たけれど、ただ働きなんですよ！」

まずは税理士から散々嫌味を言われました。

次に、経営者に家族のことを聞いたり、少し世間話をしようとしたのですが、経営者は聞かれたことに最低限答えるだけ。明らかに何かを隠しているぞという雰囲気を醸《かも》し出していました。

でも、請求書も領収書も預金通帳の出入りも税理士がチェックしていて、特におかしいと思うことは見つかりません。

（このままでは端緒をつかむことなく帰ることになってしまう……）

問答からは不正発見を導き出せそうにないと判断した私は、少々焦ってきました。その日は店舗付き住宅の店先で調査をしていました。

ふと顔をあげると店先には二台パソコンがありました。

「ここにパソコンがありますけど、立ち上げていただけますか」

経営者は目を伏せたままです。

「パソコンは妻がやっていて、私は使い方を知らないのです」

と言ったきり、パソコンに触ろうともしません。


今では考えられないことですが、この頃はインターネット通信するごとに従量課金されていた時代で、年配の経営者がパソコン操作を知らなくても、まったく不思議ではありませんでした。

事前通知をしているのに、奥さんが外出しているというのも不自然だとは思っていたのですが、彼女がキーマンだったようです。パソコンの中身を触るのは次回となりました。

（なんとか端緒を見つけたい！）

そう思った私は、「トイレ作戦」に出ることにしました。ひとしきり、そわそわと尿意をもよおしている演技をしてから、

「すみません、ちょっとトイレを貸していただけないでしょうか」とお願いすると、「古い家なんで、ずっと奥の中庭まで行ってもらって、下駄を履《は》いて外に出てもらったら、トイレがあります」

と、奥さんの母親がトイレまで案内してくれました。

この経営者は、養子に入っていて、経営者夫婦と奥さんの母親は、一緒に住んでいたのでした。

その家は古い町屋のような家でした。トイレの場所もさることながら、用を足したあと、手を洗うのも、水道の蛇口をひねるのではなく、軒先に提灯《ちょうちん》のような形の容器が吊《つ》るしてあり、下から手のひらで押し当てると水が一回、シャワーのように出てくるタイプのものでした。

トイレから店先に戻るまでいくつか部屋があり、ふすまを開けたままになっていたので、ちらっと覗《のぞ》いてみました。すると、高さ一・五メートル、幅三〇センチメートルくらいの透明な棒のようなものが数本置いてあるのが見えました。

少し近づいて見てみると、それはプチプチのロールでした。イライラしたときなどに一つずつつぶしてストレスを解消する、あのプチプチと言えばわかっていただけるでしょうか。

説明するまでもなく、プチプチの本来の用途は、壊《こわ》れ物《もの》などを送るときに包むためのもの。何か大切なものがくるまれた状態ではよく目にするのですが、私はそのとき、ロールの状態になっているプチプチを初めて見ました。そ〜っとその隣の部屋も覗いてみました。

すると、そこには古いカメラや時計などアンティークが、たくさん整理して並べられていたのです。

思いもかけない副業が発覚

実は、この経営者、数年前から本業の業績が芳《かんば》しくなくなり、家を売り払おうという話が持ち上がったのでした。そのとき、

「蔵の中にお金になるものがあるかもしれない」

奥さんがそう言い出し、蔵にあった骨董品をネットオークションに出したところ、思いのほか高い値段で売れたそうです。

経営者自身もカメラなどに興味があったので、全国の朝市などをまわり、商品を仕入れ、オークションで売るようになり、その収入がいつの間にか本業を上回ってしまったというのです。

この経営者と税理士の間に、しっかりとした信頼関係はありませんでした。経営者はもともと悪意があったわけではなく、本業が苦しくなったので、ネットオークションで生計を立てるようになったことを、経営者はいつ税理士に言おうかと思っている間に月日が過ぎてしまっていたのでした。

「へ〜、そんなこともあるんですね」

この事例を聞いて、会社員の方であれば、そういう感想を持つのもいいと思います。でも、税理士はそんなのん気なことでは困ります。この事案の場合、税理士が経営者の生活状況をきちんと聞き取りしていれば、何年も申告漏れのままにはならなかったはずです。

個人事業主や中小企業を顧問先にしている税理士であれば、その経営者の自宅に出向いて、いろいろ話を聞いてみるべきだと思います。

「うちの先生は親身になって考えようとしてくれているんだ」

関与先の信頼度がアップすることでしょう。

「ダメ税理士名鑑」

では、ここで目線を変えて、これまで私が出会ってきた税理士の方々のうち、「このタイプの人には気をつけよう」、また「こんな税理士は仕事を失いやすい」という類型を紹介したいと思います（「週刊ダイヤモンド」２０２１年5月01・08合併号で私が紹介した内容を少し改変しました）。

①宿題先延ばし税理士

コロナ禍では、さまざまな給付金や助成金が新たに登場しました。申請期限は短いものもあります。それらの申請は本来、経営者自身が行うべきものなんですが、書類の作成は面倒です。誰に聞けばいいかもわからない経営者はまずは税理士に尋ねます。でも、経営者が質問をした際、「また、調べておきますね！」と言ったまま、申請の期限に間に合わなくなってしまったというのが、宿題先延ばし税理士です。

②税法ブロック税理士

「それは、税法では、なんともなりませんから……」と、税法ありきの税理士がいます。こんなふうに突っぱねられると、それ以上何も言えなくなってしまいます。そもそも経営者は孤独で、日々、決断に迫られています。答えが欲しいのではなく、単に話を聴いて欲しいということもあります。親身になって話を聴けないのは、一番ダメな税理士かもしれません。

③グルグルローテーション税理士

たった一人で税理士として活動しているのではなく、何人か事務員を雇っている場合は、担当者が来てくれます。ところが……。一年を待たずに担当者がコロコロ変わるような税理士事務所では信頼関係が築けません。

④いつも不在の大先生税理士

ある程度の規模になると、税理士事務所の代表税理士は営業活動をしていて事務所にいないということがあるようです。実際の業務は事務員や番頭さんと呼ばれている人が行っているという感じ。担当者任せで何年も代表税理士が顧問先に顔を出さないとなると、突然、顧問契約を打ち切られることもあります。

⑤伝書バト税理士

毎月、事務員が訪問してくるけれど、ろくに話もせずに書類を預かって帰るだけ。経営者とは面談せず、経理担当者と書類のやり取りをするだけという税理士事務所、あるみたいです。すでに終わった取引についての書類を作成するだけでは、今後どのように事業を展開していくのかも考察できず、他の税理士に変えることになるようです。

⑥NO提案、NO知識税理士

コロナ禍にあっては、給付金や助成金などが取り沙汰されました。でも、実は従来から、さまざまな助成金や補助金はありました。経営者の中には、その存在すら知らない人もいます。自分の顧問先の企業なら、この助成金が使えるのではないか、など、常に提案できる税理士でないとダメでしょう。

⑦人間ぎらい税理士

税理士を目指して税理士事務所で働いている人の中には、人とコミュニケーションを取るよりも、パズルのように数字に向き合うことが得意という人も多くいます。それを補うためには、税理士事務所がコミュニケーション力をアップさせる研修を行うことが必要です。コミュニケーション力が活性化する努力をしていない税理士事務所は、今後、ますます淘汰《とうた》されていくことでしょう。

税理士会主催の講演で、この話をさせていただくと、皆さん、「耳が痛い」と感想を述べます。事務員を育て、顧客である経営者に選ばれる税理士事務所にするために、ダメ税理士を反面教師として認識していただければと思っています。

書面添付【33の2】は万能なのか？

セミナーや講演会という形で税務調査についてのお話をさせていただくと、一通り私が話をしたあとに、司会の方が、

「せっかくの機会ですので、飯田先生に質問がある方、どうぞ！」

と言われることがあります。

しかしながら、この質問タイムに、多くのギャラリーの前で質問をする勇気のある人は、めったにおられません。

たいていは、セミナーが終了し、私が帰り支度を終えて視線を上げると、出口あたりで待っている方が視界に入り、歩み寄ると質問をされるというパターンでしょうか。

Dさんは、セミナーで配布したレジュメを片手に、私を待たれていました。

「今日は貴重なお話をありがとうございました。一つ聞いてもいいですか。税務調査に入られにくい企業を構築するには、自社の申告内容について知ることが何より大切だと言われてました。

私が頼んでいる税理士は【33の2】を添付してくれているんです。なので、税務調査

の通知があったとして、私が対応しなくても、顧問税理士が説明をしてくれることになってるんです。

でも、その内容が気になるじゃないですか。だから、私にも【33の2】に書かれた内容について教えてほしいと言ってるんですけど、『大丈夫ですよ、税務調査の際、私どもで対応できるようにしていますから』と返事されるだけなんです。これってどうなんでしょう？」

【33の2】というのは、平たく言うと、顧問税理士がその書類を作成し、確定申告と一緒に提出していれば、税務調査の際、顧問税理士が砦になってくれるというものです。税理士法の「第三三条の二」に書面添付制度が規定されているため、【33の2】と呼ばれています。

本来、【33の2】の作成は、別途料金を発生させるべきものではないはずなのですが、税務調査の不安を軽減できるツールとして、付加価値を持たせている税理士もいるようです。

講演後の個別質問では、私が、経営者のお悩みにお答えするというよりも、今、経営者の方がどんなことで困っておられるのかを教えていただく機会になっています。

Dさんは、私のセミナーに参加して、自分の想いが顧問税理士にちゃんと伝わっていないことを再確認されたようでした。

税理士は、書類を作成するテクニックも必要ですが、それ以前に、経営者がどんなことを望まれているのか、そのことを感じ取れるコミュニケーション力を培うことのほうが大切ということのようです。

ちなみに、**【33の2】は、添付すれば、必ず税務調査を免れることができるという代物ではありません。**お間違いなく。

第5章

「調査官目線」の活かし方

税務署はやっぱり見ている。

税務調査のリハーサルで必要なこと

誰かに雇われるのではなく、いったん自分で事業を始めると、その仕事を辞めるまで、税務署とはいやでも付き合わなければなりません。

では税務調査で、痛くもない腹を探られないためには、どうすればいいのでしょうか。

税務署から税務調査の事前通知があり、日程が決まったら、調査官のほうから臨場する場所を指定してくる場合がほとんどだと思います。

先にも少し触れましたが、もしあなたが税理士であれば、調査官が来ると言った場所で、経営者と一緒に税務調査のリハーサルをすることをお勧めします。

まず、調査当日、調査官がどこに座るかシミュレーションしてみます。おそらく部屋の奥まで全体がよく見える場所に座ろうとするでしょう。税理士であるあなたは、調査官が座るであろう席に座ってみます。さて、その位置から何が見えるでしょうか。

調査官は、常に端緒《タンチョ》を探すセンサーを働かせています。

たとえば、壁に貼ってあるカレンダーが○○銀行のものだったとしましょう。調査官は、臨場調査に出向く前に、その企業の決算書の主だった数字や内容は頭の中にたたき込んでいるので、その銀行名が決算書にあがっていたかどうかはすぐにわかります。

仮に○○銀行と取引がないのなら、なんら問題はないのですが、経営者が○○銀行に口座を作り、「B勘」と呼ばれる表に出せないお金をプールするための口座として使っていると、それだけで、「不正発見」ということになるのです。

また、調査官は経営者の自宅を調査場所に指定することもあります。その場合、家の外観、庭の手入れの具合、無造作にガレージに置いてある趣味の道具などから生活レベル全般を査定し、それが申告内容に見合っているかどうかを判断します。

先にも書いたように、とにかく調査官は、

「これってなんだろう?」

と思ったことは必ず質問をしてきます。そしてその受け答えから不正発見の端緒をつかもうとするのです。そして、調査官に「これってなんだろう?」と思わせないためには、何度も書いているように「これって大丈夫かな?」をしないことが重要です。

もし、この本を読んでくださっているあなたが経営者であれば、税務調査の事前通知があったら、顧問税理士に一緒にリハーサルしてほしいと頼んでみましょう。

重ねてになりますが、

「リハーサル？　そんなもん必要ない！」

こんな返事が返ってきたら……。その税理士とは付き合い方を考えたほうがいいのかもしれません。

元帳の摘要欄は4W1Hで埋め尽くす

では、税務調査に入られない、入られても調査官に手ぶらで帰ってもらうためには、日頃から、具体的に、何をどうすればいいのでしょうか。

それは、**総勘定元帳の摘要欄を4W1Hで埋め尽くす**ということです。

「これって5W1Hじゃないの？　それともミスプリ……」

そう思われた方、いらっしゃると思います。4W1Hは私のオリジナル・税務調査対応策キーワードなのです。

税金の計算は、日々の取引を記録した帳簿がベースになります。いろいろな帳簿を取りまとめたものを総勘定元帳と呼ぶのですが、その帳簿には「月」と「日」の欄はすでに設けられています。だから5W1Hの「When（いつ）」がないというわけです。

どの帳面にも必ず「摘要」という欄があります。この摘要欄には、その取引に関する詳細を記入することになっています。実は、**調査官は税務調査の際、この摘要欄を重視するのです。**

「あっ、それって、プロローグに書いてましたよね」

よく覚えていてくださいました。そのとおりです。パソコンで元帳が作成できるようになった、便利になった弊害として摘要欄を適当に書いても、あるいは空欄のままであったとしても、元帳が出来上がる仕組みになってしまったのです。

プロローグで紹介した事例では、経営者が領収書などをすべて税理士事務所に渡していました。領収書をため込んで、まとめて記帳していては、正しい数字を把握できるわけがありません。

あるべき姿は各企業が日々記帳し、そのデータを次の日に活かすことです。

私は、税理士が「帳面つけ屋さん」になってはいけないとかねて思っています。

「正論はそうだろうけど、経営者はいくら言ってもやってくれないんですよ」

税理士からは、こんな声が聞こえてくるようですが、本当でしょうか。税理士が本気で向き合えば、経営者だって真剣に取り組むと思います。

税理士試験の勉強の中で、「総勘定元帳の摘要欄の書き方」について学ぶ機会はなかったと思います。なぜならそれは本来の税理士の仕事ではないからです。

いちいち教えるのが面倒だからといって、経営者から領収書をすべて取り上げ、税理士が一から帳面を作成するというスタイルを卒業しない限り、税務調査と無縁の企業体質を構築することはできないでしょう。

やることは至ってシンプルです。**摘要欄に、Where（どこで）、Who（誰が）、What（何を）、Why（なぜ）、How（どのように）、この4W1Hを記入すればいいのです。**

税務調査の際、摘要欄に「○×百貨店」のように単語や固有名詞だけを記入している部分を見つけた調査官は、「これはどんな取引だったんですか？」と必ず聞くでしょう。

税理士も、調査対象者である経営者も覚えていない、答えられないとなったら、次にはこう質問してくるかもしれません。

「では、手帳を見るとわかるかもしれないので、見せていただけますか」

こういう流れになり、調査官に見られたくない手帳を見せなければならない事態になってしまうのです。このことは第二章でも書かせていただいたとおりです。

もし、このとき、総勘定元帳の摘要欄がすべて4W1Hで埋め尽くされていれば、その場で即答できるので、手帳を見られて、痛くもない腹を探られることがなくなります。

「領収書ポリス」は社内の恋愛事情も知っている

私がパソコンを使っての執務時の最大の誘惑はYouTubeなんですが、その中で二〇二〇年以降、ハマってしまったのが「モモウメ」でした。

新米OLのモモちゃんと、お局さまのウメさんによる、ショートストーリーで、今どきの働く女性の「あるある」をコミカルに描いています。どこにでもあるオフィスのシーンなのですが、独特なタッチで描かれたキャラクターはなんとも愛くるしく、共感しまくりです。

後に実写版ができたのですが、モモちゃんが伊藤沙莉さんで、ウメさんが江口のりこさん。他のキャストもイメージ通りの役者さんが演じていて、クスクス笑いが止まりません。

この映像、なぜ、こんなに私のハートをつかんだのでしょうか。それを確信した神回があります。

それは「【注意喚起】経費精算に出す領収書には気をつけろ。」です。ウメさんが、領収書を見れば、社内恋愛やスキャンダルを監視することができる、私は「領収書ポリス」なのよ、と豪語します。すると、モモちゃんも調子に乗って、その能力が備わったと言い出すという回です。

実際のオフィスでのOLの「あるある」を集めて作ったというだけあって、どれもうなずける内容になっています。

経理担当の方には、ウメさんやモモちゃんのように「領収書ポリス」の目線を持ってほしいと思います。

「領収書ポリス」は、調査官目線を養うことに通じます。

一枚の領収書に込められたストーリーを再現させることで、正しい経理を行う習慣が生まれます。その目線で仕事を続けていると、誰がサボっているか、誰が真剣に仕事をしているのか、領収書を見るだけでわかるようになります。

すると、ずるいことをして会社の経費で落とそうと領収書を渡していた人は、自分でもうしろめたくなってきます。経理担当にずるい領収書を渡すことができなくなり、会社全体のモラルもアップし、ひいては業績アップにもつながります。

経理担当者が「領収書ポリス」になることによって、調査官目線が培《つちか》われ、税務調査に選ばれにくい企業体質の構築につながっていくというわけです。

レジペーパーの打ち直しはどうチェックするか

税務調査は、ヒト・モノ・カネ・情報の動きを追いかけることで進めていきます。ここでは、調査官目線とはどんなものなのか、飲食店の税務調査で考えてみましょう。

通常、商取引が行われる場合、その商品は伝票とともに納品されます。飲食店などの現金商売の売上の記録は、テーブルごとに作成される伝票か、あるいはレジペーパーをもとに計上されることになります。

これらの証憑類《しょうひょうるい》は用語の説明のところでも書いたとおり、原始記録と呼ばれ、法律では七年間保存しておくように言われています。

税理士がそれらの書類もチェックしている場合はいいのですが、売上帳から決算書を作成している場合は、売上の計上方法が正しいかどうかについて、調査に行った際に確認することになります。


まず、税理士にどんな形で日々の売上金額を伝えているかを確認します。

毎日記入している売上帳を渡している場合もあるでしょうし、一日のレジの合計が打ち込まれたレジペーパーも一緒に渡している場合もあるでしょう。レジを置いていない飲食店では、テーブルごとの伝票を税理士に渡して、集計までお願いしているところもあるかもしれません。

売上が正しく計上されているかどうかは、テーブルごとに作成される伝票、レジで打ち込まれたレジペーパーのロール、売上帳、そして、その現金を入金している金融機関の通帳をチェックします。

たとえば前回調査で、レジの打ち直しが発覚したという場合は、そこから調査をスタートさせます。レジの打ち直しをしているかどうかは、レジペーパーの切れ目をつないでみるとわかる場合があります。

前日のレジペーパーと翌日のレジペーパーのギザギザの部分がぴったりと合えばＯＫなのですが、合わない場合はその日の売上をすべて打ち直し、真実の売上はわからないようにしている可能性があるのです。

同じ過ちを繰り返すと、悪質と見られる

売上除外には、他にもいろいろな手法があります。忙しい時間帯にレジを開けたまま現金を受け取り、レジからの出金があるにもかかわらず、申告の売上はレジの現金有高から計上しているような場合は、売上の計上漏れにつながります。

お客さんが一万円札を出して、釣りはレジから出して、一万円は自分のポケットにしまい込んで、現金有高から日々の売上を計上していた場合、これも売上除外になります。

調査官は調査に行く前に、ある程度目星《めぼし》をつけていることは、準備調査のところでお話ししたと思います。実際にそのお店の商品を食べて、原価がいくらかかっているだろうかということを考えるのです。

それぞれの商品の値決めをしているのは経営者です。申告全体の差益率のことはわかっていなくても、個々の商品の粗利は頭に入っているはずです。

調査に行った際、前回調査で指摘があったことが改善されておらず、今回も伝票やレジペーパーの原始記録の保存がない場合は悪質と見られても仕方がないでしょう。

過去の原始記録の保存が十分でない場合、進行年分の売上や仕入を基準に計算します。

たとえば、経営者にお願いして一カ月間の売上と仕入の記録をきちんと残すように伝えて、実際にやってもらいます。進行年分の差益率で調査年分の仕入金額を割り戻すと、売上金額がはじき出されることになるのです。

両建てと言って、売上を除外したぶんに応じて仕入も除外している場合は、仕入金額を再度調べなおす必要があります。この場合は、もっと悪質ということになります。

いくら払うかより、何を間違えたか

調査をしていていつも感じていたのは、経営者は追加の税金がどのようにして算出されるのかにあまり興味がないということです。

「結局なんぼ払《はろ》たらよろしいんですか」

いくら払えば済むか、それればかり気にしているのです。

新米調査官の頃、

「今日署に来てもらって修正申告書を提出した経営者は、なんで修正することになったかわかってるんでしょうか」

と私が統官に質問すると、

「いや、多分わかってないと思うよ」

という答えが返ってくることが多かったように思います。

大切なことは、**いくら追徴金を支払ったかではなく、何をどんなふうに間違えていたのか**です。そこのところをきちんと押さえておかない人は、ついまた同じミスをすることになります。

税務署は調査が終わる際に、どこがどんなふうに間違えていたのか説明します。けれども、修正申告書に印鑑をついた経営者は、その税金をどうやって払うかの段取りで頭がいっぱいなのです。

税務調査の途中、あるいは最後には税理士が税務署に話をしにきます。その際に、調査対象者となった経営者は同行すべきだと思います。税務署では担当調査官と統括官が調査の経緯と修正内容について説明するはずだからです。わからないことがあれば、調査官はきちんと説明するでしょう。

税務調査は、適正・公平な課税を実現させることが目的ですから、追加の税金の多寡を問題にしているのではありません。**税務調査対応策という観点から経営を見直すことで、よりよい企業を育む**ことにつながるのです。

税理士でこの本をお読みの方には、顧問先に税務調査が入った場合は、追加の税金の納付の目途が立った時点で、経営者のところに行き、指摘事項についておさらいをすることをお勧めします。

いったん膿を出し切ったところで、それでも一緒にやっていこうという契《ちぎり》ができれば、そこから本当のお付き合いが始まるのだと思います。

商売人は、必ずしも悪人ではない

「飯田先生、こんな場合はどうすればいいんでしょうか」

あともう一科目合格すれば、晴れて税理士資格を取得できるという会計事務所勤務の事務員の方が私に質問をしてきたことがあります。

自身の勤務する会計事務所の大先生には聞けず、私に聞いたのは、「ドッグフードの領収書をなんの勘定科目で処理すればいいのか?」という質問でした。

普通に考えると滑稽《こっけい》きわまりないのですが、その方は、真剣に悩んでいました。ドッグフードが経費で落ちるとしたら、いろいろあるのでしょうが、ペットショップくらいしかなかなか思いつきません。

税理士を目指して勉強中の方も、法律に照らして判断する前に、「何が正しいのか」という自分の良心に基づいて判断できるような感覚を培うべきでしょう。そうすることで顧問先の経営者自身にも良心が働き、知らない間に不正につながる経理状態に陥ることを未然に防ぐことができます。

ここまで、税務調査と無縁の会社になるためのポイントについて説明しましたが、最も有効な手段は、常に「何が正しいのか」を判断基準とすることだと言えるでしょう。

現に、今も調査官の中には、「商売人は悪者だ」という意識で、「役人風」を吹かせて税務調査を行っている人も少なくないと思います。

けれども、そうでもしなければ、嫌われ者の仕事は務まらないという側面があることもご理解いただければと思うのです。

税務署の仕事から離れ、民間の仕事に就いてみると、私の認識は改まりました。

今、私のまわりにいらっしゃる経営者の方々は、皆さん、きちんと税金を納めて経営をしていこうという方ばかりです。

従業員の生活を守るため、真面目にきちんと申告して税金を納め、企業にお金を残すダム式経営を目指しておられます。「良心」を基軸にした経営を実践されている方々は、志を持ち、社会貢献度の高い経営をされています。

今の日本では、税金を納めないと企業にお金を残せない仕組みになっています。財務省のホームページでは、税金について次のように書いています。

「税金とは、年金・医療などの社会保障・福祉や、水道、道路などの社会資本整備、教育、警察、防衛といった公的サービスを運営するための費用を賄うものです。みんなが互いに支え合い、ともによりよい社会を作っていくため、この費用を広く公平に分かち合うことが必要です」

この書き方では税金は単なる費用＝コストという印象を受けてしまいます。費用と言われてしまうと、できれば少なく抑えたいという気持ちが働くでしょう。そうではなくて、税金のことを、**これから社会を創っていくために必要なお金、未来創造のために使うお金**だというふうにすれば、納める人の意識が大きく変わってくると思います。

権力で押さえつけるのには無理がある

税務署と警察署は組織の構造やそこで働く人たちの気質など、似ている部分が多いと書いてきました。

かつてサッカー日本代表がブラジルW杯出場を決めたオーストラリア戦の夜、東京・渋谷のＤＪポリスが大活躍し、大きく報道されました。新聞記事の見出しは、「渋谷の『ＤＪポリス』に警視総監賞」です。

税務署で働く調査官の立ち位置は、警察署で言えば、交番で働くお巡りさんに近いのではないかと思います。

「税務署の人って、なんであんなに人を疑うような目をしてるんでしょうねぇ」

税務調査に入られた人のうち、少なくない方が、そう言います。きっと私も調査官当時はそのような目つきをしていたのでしょう。

税務調査は申告納税制度の担保として行われるものです。仮に適正・公平な課税というものが完全に実現された世の中になったとしたら、税務調査はなくなっていいと私は思っています。

警察も同じで、犯罪に手を染める人が、一人もいなくなったら必要なくなるのだろうと思います。ＤＪポリスが表彰されたのは、いたずらに権力で押さえつけるのではなく、サポーターの良心に働きかける素晴らしい誘導で、未然に事故を防止できたからでしょう。

国税当局も、高額悪質な案件については強制調査に委ねる一方で、一般の経営者には良心に働きかけるような対応を打ち出すことが必要だと思います。

私は調査官時代、「適正・公平な税務行政の推進」の部分に携わってきました。けれども「納税者サービス」という部分については、あまり関わることができませんでした。法律の上では、調査よりも租税教育が先にうたわれています。その点を踏まえて、今後は適正かつ公平な課税の実現のための広報活動や租税教育という部分で私の調査官としての経験を活かしていきたいと考えています。

税務署は不公平なのか

一〇年前、初めての本の執筆中は、私は近畿税理士会南支部の租税教育推進委員を拝命していました。

その委員会で、税理士のあり方や税務調査について、あるいは租税教育についてなど、税務行政全般について議論を交わしたことがありました。

そもそも税務署の存在理由は公平な課税の実現が目的なのに、「税務調査ありき」になりすぎていないか。子どもだけではなく、もっと広く租税教育をするべきではないか。すべての納税者が、適切にきちんと納税すれば、税務署がいらない世の中にできるかもしれない——そんな話にまでなりました。

けれども、悲しいかな人の心は弱いものです。大きなお金を手にすると、どのように扱えばいいかわからず、つい出来心でポケットに入れてしまいそうになります。

それを咎めてくれる人が身近にいなければ、どんどんエスカレートして、取り返しがつかない状態になってしまうのです。

そういう意味では、税務調査には不正を増幅させない牽制効果があるでしょう。

税務署は、きちんと税金を納めている人と不正する人の間の「不公平」をなくすために存在しています。

税務署の職員の中には、公平な課税の実現に関心があるというより、税理士になる前に、税務署の内部のことを知っておきたいという動機で国税に入ってくる人もいます。

もちろん、そういう生き方もあっていいとは思います。けれども、税理士資格を取得するまで、数年間在職しただけで税務署のことがすべてわかるはずはありません。

私は税務署で働く間、計七回の転勤を経験しました。それぞれの税務署には、土地柄によってさまざまな違いがあります。そうした経験から、調査官として、また社会人として大きく成長させてもらったと感じています。私は国税調査官だったことを今でも誇りに思っています。

そして、私が出会った税務署で働くほとんどの職員は、「本当の不公平」をなくすため頑張って仕事をしています。限られた人数で、より公平に税金を納めてもらえるよう日々努力しているのです。

「怖い顔をしたお巡りさんも、皆さんが憎くてやっているわけではありません。心の中では日本代表のワールドカップ出場を喜んでます」

かのDJポリスは渋谷の交差点でそう訴えました。税務署の調査官も同じで、国民と対峙する存在ではなく、日々の仕事に真面目に取り組む一人の国民です。

この本を読んでくださった方には、そのことをご理解いただければと思っています。

少し長いあとがき

ある中学校での租税教室でのこと。

「税金をちゃんと納めていないと、脱税の罪で逮捕されることもあるんですよ」という話をしたところ、

「先生、いくらまでやったら脱税にならないんですか？」と質問する生徒がいて、一瞬絶句してしまいました。私の授業を見守っていた担任の先生も苦笑していました。

「そのことを知る前に、そもそも脱税はどうなのか、自分の良心に聞いてみるといいかもしれませんね」

そう私が答えると、質問をした生徒はきょとんとしていました。授業のはじめから税金クイズにとても興味を持って一生懸命考えてくれていた生徒が、「先生、リョウシンってなんですかぁ～」と聞いてきます。

私はチョークを手に取り黒板に大きく「良心」と書きました。

「よいこころ、と書いてリョウシンと読みます。たとえば、皆さん、もし道にお金が、そうですね、五〇〇円が落ちていたらどうしますか」

「拾う！」「拾う！」「拾う！」

あちこちから元気な声が聞こえます。

「では、拾ってどうしますか？」

「もらっとく～」

一番元気のいい生徒がそう言うと、

「え～～」

教室全体からブーイングが起こりました。

「先生、五〇〇円でしょ。警察に届けないといけないとは思うのですが、五〇〇円くらいなら落とし主も現れないだろうし、もらっておいても罪にはならないと思います」

なるほど、見るからに勉強のできそうな生徒がそのような答えをしてくれました。

「では、皆さん。拾ったことを誰にも言わずにもらっておいたら、どんな気持ちがするでしょうか」

生徒たちは素直です。しばらく考え、さっき勢いでもらっとくと言ってしまった生徒がこう言いました。

「う〜ん、ホンマは警察に届けなあかんよなあって思う」

教室の中にいるほとんどの生徒がうなずいています。

「そうですね。そういうふうに『ホンマはこう思う』というのが正しい判断ですよね。皆さんは、もともと正しく判断する気持ちをちゃんと持っています。それが良心なんです」

私が本書を記したのも、ある種の良心のなせる業だと思っています。

私はもともと税理士業をしようと思って退職したのではありません。けれども、退職し民間人になってから多くの経営者の方に出会い、元国税調査官としての意見を求められるようになりました。

講演をしたり文章を書いたり、税理士を目指して勉強中の方向けの月刊誌に、国税の仕事についてのコラムを連載したりしているうちに、いろいろと思うことがありました。税務調査をめぐっては、調べられる側の人も、調べる側の調査官も、必ずしも幸せそうでありませんでした。

「これってなんか、おかしいんと違うん？」

この状況を少しでも変えたい……。そのために「調査官も一人の人間で、みんなと同じような悩みや喜びを抱えながら日々働いている」という等身大の姿をお伝えしてみようと思ったわけです。

そんな折、とある縁があって、執筆を勧めていただきました。

初版を書くにあたって、映画『マルサの女』と『マルサの女2』を観ました。自分の調査官時代のことを思い出し、感極まって涙が出そうになりながらも一気に見終えました。

そして、かつて税務調査をさせていただいた方のことを思い出しました。

調査官をやっていた当時、「商売人はみんな悪者だ！」と言い聞かせながら、それでも「世の中に本当に悪い人はいないはずだ」という気持ちをどこかに持って調査に臨んでいたことも思い出しました。

調査官が、常に心ある調査を行い、調査される側の方々の良心に訴えかけることができれば、お互いにもっと幸せになれると思います。

映画『マルサの女2』で、宮本信子さん演じる板倉亮子は、東大卒のアシスタントにこう教えます。

「この商売はな、最終的には人格と人格のぶつかり合いだ」

二六年間、調査官をやってきて、まさにそのとおりだと思いました。

私がこれまで出版した本は、経営者のために書いたつもりだったのですが、実際は会社員の方がよく買ってくださったというデータもあるようでした。

一〇年ほど前はビジネスパーソンが移動の際に、よく本を読んでいる光景を見かけました。駅や空港など、いろいろな本屋さんで私の本も並べてもらっていました。

そんな中、法人会で講演をさせていただくことも増えてきました。法人会は全国の税務署とほぼ同じ数ある組織です。警察署の横に必ず、安全協会があるという、あの感じです。

法人会では毎年例会が開催されるのですが、会員の皆さんの役に立つ話をしてくれる講師はいないだろうかと、探されているとき、私を呼んでくださった、という感じです。

ある日、私の前に話されたのは、その所轄署の副署長でした。打ち合わせの際、私と同じ普通科42期生だとわかり、すっかり打ち解けました。

私は大阪国税局で、その方は違った国税局でしたが、管轄は違っても同期というだけで、一気に親しい気持ちになれました。その副署長は、売上を除外したお金の隠し場所の写真を見せながら査察でのエピソードをお話しされていました。

「そんなことまで話していいんですか?」と、私が尋ねると、

「具体的に誰なのかを特定できなければ、大丈夫なんですよ」と笑みを浮かべて答えます。


私は税務調査について書いたり、話したりという活動を始めた当初は、仕事から離れて、結構な時間が経過しているのに、皆さんのお役に立てるのか、少し不安でした。けれども、いろんな地方に行ってお話をさせていただくにつれ、今では、誰もが知っておきたい税務調査のいろはについて語れていると自負できるようになりました。

なぜ、そんなふうに思えるようになったのか。それは税務調査の本質は、今も昔も変

わらず、適正・公平な課税の実現だから、と確信できたからです。

税理士会での例会の場合、若い税理士、最近では女性の税理士が講演者を探されていることが多くあります。私の娘くらいの年齢の女性税理士が頑張ろうとしているのを見ると、全力で応援したい気持ちになります。

そんなことからも、私は自ら「おかん税理士」と名乗り、調査官目線について伝えるようになりました。


いろいろなことがありながらも、私が書き続けたのは、どこに行っても税務調査に不安を抱く経営者に出会うからでした。彼らは、不確かな情報に振り回されていました。

誰が書いているのかわからないネット情報だったり、税理士の資格を持っていない人の怪しげなセミナーで聞いた話だったり、国税に数年在職した筆者による、首をひねりたくなるような内容の本だったり……。

私は、調査官をしている間、こんなにも税務調査の情報が世に出回っているとは知りませんでした。

私の起業のモットーは、
誰もが、活き活きと、自分らしい人生を送るお手伝いをする
ということ。

開業当初は、メンタルヘルスケアにこだわっていたのですが、今まで自分が国税調査官としてやってきたことを伝えるだけでも、多くの方々のお手伝いができると考えを改め、より信頼できる情報提供者になるべく、実名で本を出すことにしました。

そうはいっても、何をどこまで書いていいものか、そのさじ加減がわからないまま筆を進めていました。

世間に広めるべきことしか書いていない、という自負はあったのですが、それでも、いつか国税当局から、「こんな本を出していいと思っているのか！」とお叱りを受けるのではないかと、内心びくびくはしていました。

そんな中、国税庁の人事部の方から電話がかかってきたときは、本当にびっくりしました。

（全品）回収か……とまで思いました。

しかし、その内容は、当時の国税庁の人事課長が書店で『税務署は見ている。』を手

に取られて私の経歴をご覧になり、

「ぜひ、この人に国税庁で働く人たちのメンタルヘルス研修をお願いしたい」

と依頼してくださったというものだったのです。

国税庁からカウンセラーとしてのお仕事をいただけるなんて、夢のようでした。税務大学校での新任係長研修や、霞が関の国税庁で働く全職員を対象にメンタルヘルス研修をさせていただきました。

二〇二一年には、ＮＨＫの朝の情報番組「あさイチ」の確定申告の特集で、監修の仕事もさせていただきました。

私が、この活動を続けていく中で、いろいろつらい思いもしたのですが、本当に求めている人があるのならという思いで、税務署の裏側ではなく、表のまっとうな仕事ぶりについて書いたからこそ、報われた部分もあったのだと思います。

新版化の原稿を書く際に読み直したのが『稲盛和夫の実学　経営と会計』でした。

私は稲盛和夫氏が塾長をされていた盛和塾という経営者の勉強会の中の「稲盛実学会計学講座」の立ち上げから関わり、その講師も務めさせていただきました。

この本には、「人として何が正しいかで判断する」という趣旨の言葉が何度か登場しています。これは、稲盛哲学として謳われている言葉で、まさに経営の本質を物語っていると思い使わせていただきました。

最後に、『税務署は見ている。』を新版化するご提案をいただいた日経ＢＰの野澤靖宏さんには大変お世話になりました。この場をお借りして、心から感謝を申し上げたいと思います。

飯田真弓

（いいだ・まゆみ）

元国税調査官・税理士
産業カウンセラー・健康経営アドバイザー

高卒女子初の国家公務員（税務職）として採用され、現場一筋26年、7つの税務署でのべ700件に及ぶ税務調査に従事。2008年、「誰もが活き活きと自分らしい人生を送れる社会を創造したい」という志のもとに退職。

現在は、「おかん税理士」として、法人会、納税協会、税理士会、商工会議所などで講演やセミナーを実施。また産業カウンセラーとしては、企業を対象に、個別カウンセリングほかコミュニケーションアップ研修なども実施、働きやすい会社の実現に尽力している。

日本芸術療法学会正会員。一般社団法人日本マインドヘルス協会代表理事。

税務署はやっぱり見ている。

2023年3月17日　1刷
2023年4月 6 日　2刷

著者 ―――― 飯田真弓

発行者 ―――― 國分正哉

発行 ―――― 株式会社日経BP
日本経済新聞出版

発売 ―――― 株式会社日経BPマーケティング
〒105-8308　東京都港区虎ノ門4-3-12

装幀 ―――― 野網雄太（野網デザイン事務所）

DTP ―――― マーリンクレイン

印刷・製本 ―――― シナノ印刷

ISBN978-4-296-11722-2